Ethno-Style

Elizabeth Wilhide
& Joanna Copestick

Ethno-Style

1.000 Einrichtungsideen
aus Marokko, Indien, Mexiko,
Japan …

Kaleidoskop Buch

Aus dem Englischen übersetzt von Dr. Eva Dempewolf für GAIA Text, München
Satz und Produktion: GAIA Text, München
Einbandgestaltung: Studio für Illustration und Fotografie Sascha Wuillemet, Augsburg

Die Originalausgabe mit dem Titel *Modern Exotic* wurde erstmals 1999 von Octopus Publishing Limited, einem Verlag der Octopus Publishing Group Ltd., London, veröffentlicht

Styling für die Schritt-für-Schritt-Fotos:
Cathy Sinker
Bildredaktion: Rachel Davies

Druck und Bindung: Delo tiskarna d.d.
Printed in Slovenija

ISBN 3-88472-849-0

Hinweis
Alle Informationen und Hinweise, die in diesem Buch enthalten sind, wurden von der Autorin nach bestem Wissen erarbeitet und von ihr und dem Verlag mit größtmöglicher Sorgfalt überprüft. Unter Berücksichtigung des Produkthaftungsrechts müssen wir allerdings darauf hinweisen, dass inhaltliche Fehler oder Auslassungen nicht völlig auszuschließen sind. Für etwaige fehlerhafte Angaben können Autorin, Verlag, und Verlagsmitarbeiter keinerlei Verpflichtung und Haftung übernehmen. Korrekturhinweise sind jederzeit willkommen und werden gerne berücksichtigt.

INHALT

KULTURGESCHICHTLICHE RÜCKBLENDE 6

WÄNDE 18

FUSSBÖDEN 44

FENSTER & TÜREN 68

MÖBEL & ACCESSOIRES 92

LICHT & PRÄSENTATION 120

BEZUGSQUELLEN 140

REGISTER 142

Kulturgeschichtliche Rückblende

KULTURGESCHICHTLICHE RÜCKBLENDE

Reisen erweitert nicht nur den geistigen, sondern auch den visuellen Horizont. Der Globus scheint zu schrumpfen, und je kleiner die Welt wird, desto mehr Dekorationsideen gelangen aus aller Herren Länder zu uns: Was früher exotische Souvenirs betuchter Entdeckungsreisender waren, findet man heute in Einrichtungshäusern – gar nicht weit von den eigenen vier Wänden entfernt.

Wie bei den aktuellen Trends in Kochkunst, Musik und anderen kreativen Betätigungsfeldern geht es auch bei diesem neuen Zugang zur Innendekoration weniger um eine Reproduktion charakteristischer ethno-nationaler Eigenarten als vielmehr darum, eine lebendige multikulturelle Mischung zu kreieren, bei der Designelemente aus aller Welt zu einer individuell-innovativen Einheit verschmelzen. Das Ergebnis ist eine eklektische Zusammenstellung ausgefallener Zutaten und exotischer Geschmacksrichtungen, die, gekonnt kombiniert, jedes Ambiente bereichern.

Satte Farben, kräftige Muster, Naturmaterialien und handgefertigte Artefakte bedingen eine Reichhaltigkeit, die in augenfälligem Gegensatz zur langweiligen Uniformität handelsüblicher Massenprodukte steht. Doch anders als beim mehr oder minder willkürlichen ethnischen Durcheinander früherer Versionen fügt sich der moderne Ethno-Stil in ein harmonisches Gesamtkonzept und wird von moderner Zurückhaltung geprägt.

Von Mexiko bis Marokko, von Indien bis Indonesien – der Fundus an Inspirationen umspannt den ganzen Erdkreis. Geschnitzte Hocker aus dunklem afrikanischen Holz, mit Silber- und Goldfäden durchwirkte Saristoffe, leuchtend bunte maurische Fliesen und die pudrigen Pastelltöne grober indischer Baumwolle verleihen exotisches Flair. Zusätzlicher Pluspunkt ist, dass diese Dekoelemente häufig überraschend preiswert und vielfach auch bei uns problemlos zu bekommen sind.

Seit Europa regelmäßige Handelsbeziehungen zu weit entfernten Ländern unterhält, findet ein reger kreativer Austausch auch dekorativer Einflüsse statt, der sich kommunikationsbedingt in unserem Jahrhundert beschleunigt hat.

Früher wurden ethnische Elemente vorwiegend in Form von Textilien und Kuriositäten präsentiert, die eher in ein Museum passen als in den Kontext eines Einrichtungsratgebers. Der moderne Ethno-Look hingegen schafft vitale Ambiente von großer Individualität. Die abstrakte Kreativität eines Stils – Farbpalette, Textur oder Finish – schöpft aus dem Innersten der Materie und bringt persönlichen Ausdruck ins Spiel. Die klare Linienführung moderner Räume bildet einen passenden Rahmen. Doch während sich zeitgenössisches Design auf die Grundelemente von Licht, Raum, Farbe und Textur konzentriert, mildert der moderne Ethno-Stil diese puristische Beschränkung und lässt sie mit der verschwenderischen Theatralik ethno-exotischer Dekoration verschmelzen. Eine in jeder Hinsicht geglückte Verbindung.

Oben: In Rajasthan, Indien, wird Baumwolle in kräftigen Farbtönen für Saris, aber auch als Dekorationsstoff verwendet.

Links: Prächtiger Brokat und hauchzarte Musselins setzen lebhafte Farbakzente und vermitteln einen Hauch von Luxus.

Gegenüber: Die Hauswände mit satten Komplementärfarben zu tünchen, ist in Mittel- und Südamerika ein seit langem üblicher Brauch.

Links: Bestechend in seiner Schlichtheit ist dieser Wandleuchter, ausschließlich aus Naturstoffen und Altmaterial gefertigt. Die Basis bildet ein abgeflachter Kürbis, in den ein Oval und mehrere Dekostreifen aus Spiegelglas eingesetzt wurden. Die Kerze steht sicher in einem kleinen Metallbecher, der von einer Ringöse gehalten wird.

Gegenüber: Bei diesem vorwiegend im maurischen Stil gestalteten Bad mit der luxuriösen Marmorwanne findet man überraschenderweise auch viktorianische Elemente wie das weiße Porzellanwaschbecken und die Spiegellampe. Rote Terrakottafliesen und in die Wand eingelassene Backsteine betonen die hohe Decke und die Dekobögen.

Rechts: Geometrisch gemusterte Keramikkacheln in Blau, Grün, Orange und Weiß bilden einen lebhaften Hintergrund für den Löwenkopfbrunnen. Das Plätschern und der Anblick fließenden Wassers werden stets als kühlend und erfrischend empfunden.

Aus aller Herren Länder

Uns Europäern drängt sich bei dem Wort »exotisch« fast automatisch der Gedanke an die geheimnisvollen, teils natürlichen, teils von Menschenhand geschaffenen Wunder des Fernen Ostens und Südens auf, deren Faszination seit jeher unsere Fantasie beflügelt. Ihre außerordentlich große Anziehungskraft dürfte anfangs auf Unwissenheit und staunender Neugierde beruht haben, doch selbst Billigflüge und der Massentourismus unserer Tage haben es nicht geschafft, diesen Nimbus des Zauberhaften zu zerstören.

Exotische Deko-Objekte sind so alt wie die ersten Weltensegler. Bereits die Römer importierten Gewürze, Seide, Porzellan und Lackarbeiten, doch erst im 16. Jahrhundert, lange nach Marco Polos größtenteils frei erfundenem Bericht seiner »Entdeckung« der alten Seidenstraße, bildeten sich feste Handelsbeziehungen zwischen Europa und Asien aus. Im Osten entwickelte Kunstfertigkeiten bestärkten das »Rätsel des Orients«: Die Technik der Seidenspinnerei, des Färbens, der Porzellanmanufaktur und des Lackierens waren in der westlichen Welt bis dato unbekannt.

Aus China kamen schimmernde und bestickte Seidenstoffe, zartes blauweißes Porzellan und intarsiengeschmückte oder lackierte Schränke. Aus Indien führten die großen Handelsgesellschaften ganze Schiffsladungen bedruckter und bemalter Baumwolle ein – die ersten Textilien, die leuchtende Farben besaßen und trotzdem waschbar waren. Großer Dekorationswert und künstlerische Finesse machten diese Waren schnell zu Luxusgütern, die sich einer solchen Nachfrage erfreuten, dass – vor allem im Bereich Textilien – zum Schutz der einheimischen Industrie sogar gelegentlich Handels-Embargos verhängt wurden.

Fast von Anfang an fand jedoch ein kultureller Austausch statt: Östliche Produzenten lernten Muster zu fertigen, die ihren Kunden im Abendland gefielen, oder sie kopierten europäische Motive. Das Ergebnis waren nicht selten zauberhafte Anomalien – Tiere und Menschen, Bauwerke und Landschaften, abgebildet von Künstlern, die ihre Modelle nie gesehen hatten. Bald entstand auch im Westen eine breite Palette von Artefakten, die – in derselben merkwürdigen Kreuzung aus Orient und Okzident – stilisierte östliche Szenen präsentierten. Egal ob echt oder nachgemacht, importiert oder vor Ort gefertigt: Die Chinoiserien eroberten Europa im Sturm.

Der im 18. und 19. Jahrhundert immer weiter um sich greifende Nationalgedanke stärkte das Verlangen nach »Exotischem« eher noch mehr. Die britische Präsenz in Indien, die Kolonisa-

tion Afrikas durch Frankreich und Deutschland sowie die Bindung Indonesiens an die Niederlande brachten viele verschiedene ethnische Einflüsse ins Spiel.

Im stilistischen Tauziehen der viktorianischen Ära fiel dem der exotischen Dekokunst angestammten Eklektizismus eine ganz besondere Rolle zu.

Folglich gesellten sich in Großbritannien exotische Importe wie Großwild-Trophäen, fransenumsäumte Paisley-Schals, geflochtene Korbstühle, mit kunstvollen Sägearbeiten oder Gitterwerk geschmückte Wandschirme und eine Unzahl weiterer ethnischer Artefakte zu Nippes und anderen Dekogegenständen der bereits überfüllten »guten Stube«.

Der dekorative Einfluss Indiens hing ganz offensichtlich mit den politischen und wirtschaftlichen Umständen Großbritanniens zusammen, während der »maurische« Stil weniger auf koloniale Interessen anspielte und eher das viktorianische Verlangen nach einer Märchenwelt ansprach. Die Ungezwungenheit locker auf Diwans und Ottomanen aufgetürmter Kissen, verbunden mit gleich mehrfach übereinander gelegten türkischen Teppichen, galt als Inbegriff kultivierter Eleganz.

Im 18. und 19. Jahrhundert entwickelte sich die Industrialisierung in Großbritannien zu einer ernsthaften Bedrohung für den Import handgewobener Textilien aus dem Fernen Osten. Rohbaumwolle wurde in den Spinnereien und Webereien der Midlands verarbeitet und nach traditionellen indischen Vorlagen bedruckt. »Paisley«, ursprünglich ein typisches Muster handgewobener Kaschmirschals, ist nach der gleichnamigen schottischen Kleinstadt benannt, in der ungleich minderwertigere Stoffe industriell hergestellt wurden. Angesichts dieser preiswerten Imitate überrascht nicht, dass der Handel mit authentischen Textilien stark zurückging. Andererseits löste eben diese Massenproduktion Ende des 19. Jahrhunderts eine neue Bewegung aus, da Künstler und Progressive sich zunehmend von den seelen- und häufig auch geschmacklosen Waren, die Fabriken und Spinnereien am laufenden Meter ausspien, ab- und orientalischen Arbeiten zuwandten: Vor allem japanische Holzschnitte, die erstmals Ende der 50-er Jahre des 19. Jahrhunderts nach Europa gelangt waren, inspirierten einen völlig neuen Kunst- und Dekorationsstil.

Kunstgewerbliche Gegenstände im japanischen Stil lösten die bis dahin beliebten Chinoiserien ab, und es dauerte nicht lange, da schmückten Pfauenfeder-Vasen, zierliche Bambusmöbel und japanische Lackarbeiten das Heim jeder »besseren« Mittelstandsfamilie, was allerdings auch immer wieder parodiert wurde. Zeitgenössische Gemälde zeigen die Vorliebe für nahezu schrankenlose Exotik: Tiger- und Bärenfelle, bemalte Wandschirme, Teppiche und Textilien aus dem Orient sowie das weit verbreitete Porzellan.

Arthur Lasenby Liberty, Gründer des einflussreichen Londoner Kaufhauses, das seinen Namen trägt, war an der Verbreitung dieses Stils wesentlich beteiligt. Er begann mit dem Import von Seidenstoffen und erweiterte sein Angebot bald auf eine breite Palette von Waren aus Ägypten, Indien, Japan und China: kostbare Perserteppiche, mit Elfenbeinintarsien geschmückte Möbel aus Indien und Keramiken aus dem Mittleren Osten. »Metallarbeiten aus Benares, Keramik aus Lakhnau, grobe indische Baumwollstoffe und chinesische Bronzen drängen sich in der Hälfte der Schaufenster der Regent Street«, äußerte sich 1880 eine Zeitschrift. Als handgefertigte Einzelstücke aus hochwertigen Materialien standen diese Waren in eklatantem Kontrast zum Kopiecharakter der meisten

viktorianischen Stücke und stießen bei Kunstliebhabern und Intellektuellen sofort auf großen Beifall. Um der wachsenden Nachfrage gerecht werden zu können, gab Liberty »anglo-japanische« Entwürfe in Auftrag und importierte Möbel aus Kairo und Syrien: Beistelltische im indischen Stil mit Perlmuttintarsien, Wandschirme und maurisches Mobiliar mit Musharabeyeh-Flechtwerk, die jedoch, wie die meisten Interieurs dieser Zeit, im Grunde europäischen Charakter zeigten.

Im 20. Jahrhundert kamen und gingen einige Moden. Der nonchalanten Einrichtung des Künstlerateliers der Jahrhundertwende folgten die schwungvollen Interieurs der Wilden Zwanziger, mit lebhaften Farben, kissenüberhäuften Diwans, Tierfellen und chinesischen Laternen. Auch Afrika wurde nun immer häufiger in den Reigen der gefragten »Exoten« aufgenommen. Vor dem Ersten Weltkrieg hatte der Kolonialstil – weiß getünchte Wände, Plantagenmöbel, dunkles Holz und Leopardenfelle – der Mode seinen Stempel aufgedrückt, während Inspiration suchende junge Künstler die primitiven, aber ausdrucksstarken Formen afrikanischer Masken und Schnitzarbeiten entdeckten. Nordamerikanern bot die präkolumbianische Kunst Mexikos, Zentral- und Südamerikas mit ihren gestuften Zikkuratmustern den nötigen Stimulus quasi gleich vor der eigenen Haustür.

Der Ethno-Stil, wie wir ihn heute kennen, ist jedoch wesentlich jünger.

Oben: »Ethno-exotisch« ist nicht automatisch gleichbedeutend mit ornamentreich. Hier sind es denkbar schlichtes Mobiliar, blau gestrichene Wände und ein dezentes Rollo. Zwischen den Betten zieht ein tief hängender schmiedeeiserner Leuchter den Blick auf sich.

Links: Häufig reichen einige wenige ethnische Stücke, um einem sparsam möblierten Raum Leben zu verleihen. Die grünen Kacheldreiecke ahmen einen Teppich nach und nehmen dem einfarbig weißen Fliesenboden viel von seiner Kälte.

Gegenüber: Diese nur von einem winzigen Schießschartenfenster durchbrochene Wand braucht lediglich etwas Farbe und Textur, um selbst zum Dekoelement zu werden. Der große Schmuckteller und ein geschwungener Stuhl unterstreichen den Ethno-Look.

Seine Blüte erlebte er in den 60-er und frühen 70-er Jahren, als Hippies von ihrer Suche nach spiritueller Erleuchtung jede Menge östlichen Zierrat mitbrachten: Reich bestickte Textilien, bedruckte indische Baumwolle, Bronzeschalen, mit kleinen Spiegeln und Quasten geschmückte Wandbehänge, geschnitzte Holztischchen und Wandschirme wurden willkürlich in dunkel getünchten Räumen drapiert, in denen stets der Duft von Patchouli-Öl und Räucherstäbchen hing. Die nächste Generation der Globetrotter, eher von politischer Motivation getragen, konzentrierte sich meist auf landestypische Produkte einer bestimmten Region – echte, handgefertigte Waren im Gegensatz zu dem rein profitorientierten Marketing multinationaler Konzerne.

Jedes »exotische« Element der Innendekoration ist für Europäer stets mit einer bestimmten Bedeutung verknüpft. Im 17. Jahrhundert stand es für Luxus, geheimnisvollen Nimbus und unerfüllte Sehnsüchte: Welch gewaltige Wirkung Dinge wie Lackmöbel oder Porzellan bei ihrer ersten Ankunft zeitigten, ist aus heutiger Sicht schwerlich vorstellbar. Im viktorianischen England enthielt das Exotische, verbunden mit einer faszinierend-verführerischen Fremdartigkeit, deutlich imperialistische Untertöne, während sich im Ethno-Stil des 20. Jahrhunderts vorwiegend ein Ausdruck des Protestes gegen das Establishment manifestierte. Jede Ära hat das Medium der ethnischen Dekoration auf eigene Art präsentiert und unterschiedliche Zwecke damit verfolgt.

Der moderne Ethno-Stil bildet hier keine Ausnahme. An der Wende zum nächsten Jahrtausend dürften jedoch endlich selbst die letzten Spuren des Kulturimperialismus getilgt sein, es geht nicht mehr um Zurschaustellung von privatem Luxus, und auch die Propagierung esoterischer Grundsätze steht nicht länger im Mittelpunkt. Was wir heute schätzen, ist vielmehr das Element des Primitiven. »Hippie«-Zimmer und der unverblümte Ethnizismus der frühen 70er Jahre sind weitgehend passé. Sich dem Zeitgeist anpassend, hat der Ethno-Stil eine neue Richtung eingeschlagen: Er verleiht schlicht-funktionalen modernen Räumen nicht nur ein individuelles Flair, sondern ist augenfälliger Beweis jener universellen Kreativität, die alle Kulturen verbindet.

In einem Zeitalter, in dem Computer und Elektronik einen immer größeren Bereich unseres Lebens bestimmen, repräsentiert der ethno-exotische Wohnstil die weithin verloren gegangene Dimension der Handarbeit. So gesehen bedeutet »exotisch« nicht so sehr »fremd« oder »anders«, sondern ist Ausdruck von Kontinuität und kulturenüberspannenden Werten: der Freude an lebhaften Farben, an der Textur natürlicher Materialien und an der rhythmischen Ruhe simpler Muster und Formen. Emotionen werden genauso angesprochen wie das ästhetische Empfinden. In unserer postindustriellen Gesellschaft, die Produzenten und Konsumenten gleichermaßen zu entfremden scheint, lässt dieser Stil eine Innerlichkeit wiederaufleben, die Grundbedürfnisse befriedigt und unseren Alltag in vielerlei Hinsicht bereichert.

Viele frühere Formen des Ethno-Stils beinhalteten ein Element des Vergangenen – was freilich wenig überrascht, wenn man bedenkt, wie eng das »Exotische« mit dem im 19. Jahrhundert vorherrschenden Eklektizismus

verbunden war. Auf ähnliche Weise wurde die »Hippie«-Version mit einer allgemeinen Rückentwicklung auf dem Gebiet des Designs in Zusammenhang gebracht, die auf den Beginn des Jahrhunderts, namentlich die beschwingten Kurven des Jugendstils zurückgriff, während der Ethno-Stil der frühen 70er Jahre – zumindest in England – mit einem neu erwachten Interesse an viktorianischen Formen einherging.

Nach heutiger Auffassung schließen sich »exotisch« und »modern« allerdings nicht mehr aus. Allen, die an dieser Stelle die Frage der Authentizität aufwerfen, sei gesagt, dass sparsam möblierte moderne Räume dem Geist traditioneller ethnischer Interieurs – wonach persönlicher Besitz sehr häufig auf das notwendige Minimum beschränkt ist und Qualität von Oberflächen und Formen stets im Vordergrund steht – sehr nahe kommen. Diese Betonung des Wesentlichen steht in perfektem Einklang mit dem zeitgenössischen Gefühl für Licht und Weiträumigkeit, das Möbeln und Wohnaccessoires Platz zum Atmen gibt.

Ältere Formen des Ethno-Stils waren häufig bestrebt, die Eigenheiten bestimmter Kulturen wiederaufleben zu lassen. Auch wenn ein maurisches Rauchzimmer aus der viktorianischen Zeit immer viktorianisch bleiben wird, zeigt es doch den Versuch, einen Raum in der Stilrichtung einer ganz bestimmten Region zu dekorieren. Ähnlich waren Japanoiserien häufig eine eigenwillige europäische Interpretation traditionell japanischer Designs, doch bestand nie ein Zweifel, welchem Einfluss man verpflichtet war. In jüngerer Zeit propagieren Bücher, Zeitschriften und Fernsehsendungen eine Fülle ethnischer Stilrichtungen, die zu Hause detailgetreu kopiert werden sollen. Aus der Küche im mexikanischen Stil betritt man den marokkanischen Wohnraum, und neben dem Schlafzimmer, das japanischen Vorbildern verpflichtet ist, liegt das Bad im karibischen Stil: die ganze Welt unter einem (Reihenhaus-) Dach.

Der moderne Ethno-Stil ist weniger ortsspezifisch. Er beinhaltet ein neues Selbstvertrauen, das sich über die Sicherheit enger nationaler Grenzen hinwegsetzt und Freiraum schafft für individuelle Farb-, Muster- und Formenkompositionen. Ziel ist eine lebendige

Links: Die charakteristische Zurückhaltung fernöstlichen Dekors findet auch im Westen immer mehr Anhänger. Dieser minimalistische Zugang, verbunden mit der Wahl ausschließlich hochwertiger Materialien, schafft eine strenge und doch entspannte Atmosphäre.

Gegenüber: Mit seinem gefliesten Boden, weißen Wänden, Deckenventilator und tropischen Grünpflanzen mutet dieser Wohnraum fast kolonial an.

Unten: In warmen Klimazonen muss ein Freiluft-Wohnzimmer kein Traum bleiben. Hier laden elegante Korbstühle und ein winziger Beistelltisch zum Platznehmen ein. Das konische Dach, das auf Baumstamm-Säulen ruht, spendet den nötigen Schatten.

multikulturelle Mischung, bei der Designelemente unterschiedlichster Herkunft ein sehr persönliches harmonisches Ganzes bilden.

Eine solche Sichtweise berücksichtigt zudem die Tatsache, dass die Welt kleiner und es angesichts kultureller Wechselwirkungen immer schwieriger wird, einen »authentischen« ethnischen Stil zu erzielen. Genau genommen sind die klangvollen Richtungen zumeist sogar selbst Hybriden: »Marokkanisch« beispielsweise ist nichts anderes als das Zusammenspiel afrikanischer, französischer und maurischer Einflüsse, und der mexikanische Stil resultiert aus dem Aufeinandertreffen von spanischer und aztekischer Kultur. Letztlich weitaus interessanter sind die elementaren Ähnlichkeiten. Wir sind heute weiter gereist als je zuvor und deshalb auch besser in der Lage, diese Verbindungen aufzudecken. Und häufig überrascht, welche Verwandtschaft zwischen den Mustern und Artefakten von Kulturen besteht, die auf entgegengesetzten Seiten der Erdkugel beheimatet sind.

Hinzu kommt, dass die moderne Version ethno-exotischer Dekoration auf die Tatsache Rücksicht nimmt, dass ein mexikanischer oder marokkanischer Stil viele tausend Meilen von seinem gewachsenen Ursprung entfernt nicht selten lächerlich wirkt. Einen bestimmten Ethno-Stil nachzubilden zeugt bestenfalls von einer gewissen Furchtsamkeit: Die Artefakte werden wie Trophäen oder die Sammlungen eines Museums präsentiert. Der moderne Ethno-Stil verleugnet seinen westlichen Rahmen nicht und erhebt keinerlei Anspruch auf Authentizität. Um die Einflüsse fremder Kulturen individuell und angemessen umsetzen zu können, ist es jedoch nötig, deren Grundlagen zu verstehen. In diesem Zusammenhang verdient Erwähnung, dass die meisten gelungenen Interpretationen ethnischer Stile von Designern stammen, die ihren Geburtsort früh verließen und ihre Inspiration aus blassen Kindheitserinnerungen bezogen, über die zeitliche und räumliche Distanz einen abstrahierenden Schleier gebreitet hatten. In den Arbeiten von Christian Liaigre, Spencer Fung und Bowles sowie Linares lässt sich dieselbe Integration zwischen modernem und primitivem Design beobachten. Mit Fell bezogene Hocker und Tische, handgeschmiedete Metallarbeiten, Steingut-Sitze und unbearbeitete Holzblöcke verbinden eine Reinheit der Form mit der evokativen Kraft natürlicher Materialien.

Wer sich heute für den modernen Ethno-Stil entscheidet, hat alle Freiheiten und kann sich von jeder beliebigen

Oben: Die Integration ethnischer Elemente in ein antikes Ambiente ist eine elegante Möglichkeit der Kombination von Tradition und Moderne, Ornamentreichtum und klassischer Schlichtheit. Hier bilden spiralig geflochtene Körbe ein grafisches Arrangement auf einem glatten Kaminsims.

Links: In diesem dem Kitsch geweihten Raum blieb buchstäblich keine Oberfläche von Dekorationen verschont.

Bei überdachten Veranden verwischen die Grenzen zwischen Drinnen und Draußen. Auf diesem Balkon mit Meerblick unterstreichen hölzerne Armlehnstühle und ein Esstisch den Eindruck, man befinde sich auf einem Ozeanliner.

Kultur inspirieren lassen, ohne Gefahr zu laufen, eine unfreiwillige Persiflage hervorzubringen. Sie können Kombinationen erfinden und dekorative Elemente aus unterschiedlichen Kontinenten nach Lust und Laune zusammenstellen, solange diese durch eine grundsätzliche Affinität verknüpft sind. Beim modernen Ethno-Look geht es darum, für sich selbst neue Ausdrucksformen in einem schier grenzenlosen Fundus zu finden. Schließlich ist alles Vorhandene lediglich Ausgangspunkt; das Ziel bestimmen Sie selbst.

Kauf-Ethik

Wer vorhat, sein Heim mit ethno-exotischen Stücken zu schmücken, wird unweigerlich mit Fragen der Kauf-Ethik konfrontiert. Nicht selten überrascht es, wie preiswert, ja billig, wunderschöne handgefertigte Einzelstücke aus anderen Erdteilen angeboten werden. Wir als Käufer haben jedoch Sorge zu tragen, dass solcher Handel nicht auf Kosten anderer geht. Der Preis kann extrem hoch sein: Minderjährige, ja Kinder, die zu Hungerlöhnen in Ausbeuterbetrieben schuften, die Zerstörung fragiler Ökosysteme und die Ausrottung bedrohter Arten – all das kann die Wahrheit hinter scheinbaren Schnäppchenangeboten sein.

Andererseits bildet natürlich gerade die enorme wirtschaftliche Kluft zwischen den Entwicklungsländern und Europa/Nordamerika sowie die damit verbundene Preisgünstigkeit ethno-exotischer Produkte einen wichtigen Kaufanreiz. Doch es gibt Unterschiede. Selbstverständlich ist es nicht immer möglich, den Ursprung importierter Waren festzustellen, aber man sollte zumindest versuchen, nur in Geschäften zu kaufen, die fairen Handel propagieren. Viele unterstützen gezielt Projekte in bedürftigen Regionen, und manche investieren sogar einen beträchtlichen Anteil ihres Gewinns, um traditionelle Handwerkskünste vor dem Aussterben zu bewahren. In den USA wurden Anstrengungen unternommen, den Verkauf indianischer Kunstgewerbeartikel auf die Reservationen zu beschränken, wo die Produkte einen fairen Preis haben und die Hersteller unmittelbar von dem Erlös ihrer Waren profitieren. Solche Organisationen wissen, dass es im Interesse aller ist, alte Handwerkskünste zu erhalten, es auf Dauer aber niemandem dient, wenn dies lediglich die Profitgier oder die Produktion billiger Souvenirs fördert. Die besten Händler ethno-exotischer Möbel und Artefakte kennen sich in den Kulturen, deren Waren sie verkaufen, aus, stehen in Verbindung mit den Dörfern und Kunsthandwerkern und setzen sich für einen vertretbaren kulturellen Austausch ein.

Ein verantwortungsbewusster Käufer lässt die Finger von Materialien wie Mahagoni, Teak und Elfenbein, deren fortgesetzte Nutzung eine ernsthafte Bedrohung für unsere Umwelt darstellt. Gerade die Nachfrage nach tropischen Harthölzern hat bereits nicht wieder gut zu machende Schäden angerichtet. Oft sind Alternativen erhältlich: entweder andere Arten mit ähnlichen ästhetischen Eigenschaften oder Holz aus kontrolliertem Plantagenanbau. Weist ein Produkt kein entsprechendes Etikett auf, kaufen Sie es nicht!

Wände

WÄNDE

Ethno-exotische Dekoration lebt von kräftigen Farben und simplen Mustern, der direkten Verwendung natürlicher Materialien sowie der unkomplizierten Vitalität von Handarbeit. Das Konzept ist durchgreifend, d. h. der Hintergrund strahlt dieselbe Elementarkraft aus wie alles davor Platzierte. Die frühen Modernisten verteufelten jede Form von Ornamentik und bezeichneten Dekoration als überflüssig und unredlich; doch von ihnen gestaltete Räume waren häufig zu steril, um darin zu wohnen. Die Kombination von Modernismus und Ethno-Exotik schafft eine spannungsreiche Beziehung zwischen zeitgenössischem Ambiente und dem urmenschlichen Bedürfnis, seine Umgebung zu verschönern.

Wanddekoration gehört zu den Grundlagen dieses Stils. Farbgesättigt, mit Gravuren versehen oder freihändig mit simplen Rapportmustern bemalt, werden Wände zu regelrechten Dekoflächen. Rauputz, Strukturtapeten und natürliche Finishs laden zum Anfassen ein, während Kacheln Glanz und rhythmische Formen ins Spiel bringen.

FARBEN

Seit einigen Jahrzehnten besteht bei uns der Trend, Wände als manierlich-gesitteten Hintergrund anzusehen. Je unauffälliger, desto besser. Farbeffekte mögen

Oben: Ob auf Wänden, Fußböden oder Textilien: Das Spektrum ethnischer Muster und Motive reicht von klaren und kräftigen geometrischen Formen bis hin zu zarten floralen Designs.

Links: Weitläufige Wandflächen und satte Farben ergeben zusammen einen echten Blickfang. Die Oberfläche dieser leuchtend blau getünchten Außenwand gewinnt durch den strukturierten Farbauftrag zusätzliche Dynamik.

kurzzeitig in Mode gewesen sein, doch nach wie vor gelten glatt verputzte neutrale Wandflächen weithin als Inbegriff des guten Geschmacks.

Ganz allmählich jedoch beginnen wir unsere Scheu vor Farbe zu verlieren.

Wenngleich Weiß der Verkaufsrenner bleibt, hat eine kürzlich durchgeführte Umfrage ergeben, dass Töne wie Toskana-Orange und Limettengrün überraschend schnell Boden gewinnen. Und wenn Farbe zunehmend Einzug in unsere Wohnungen hält, sollten wir den Umgang anderer Kulturen mit diesem vitalisierenden Element nutzen.

Üben Sie keine falsche Zurückhaltung. Geben Sie der Farbe Gelegenheit, ihren Zauber zu entfalten. Lassen Sie sich in ihren Bann ziehen. Bei Volkskunst in aller Welt ist Farbe alles andere als Nebensache – was Dekoration angeht, vielleicht sogar das kraftvollste kreative Ausdrucksmittel überhaupt. In südlichen Ländern scheint die Sonne den Farben zusätzliche Energie zu verleihen, während in Gegenden, wo das Leben hart ist und den Menschen nichts schenkt, mit natürlichen Pigmenten kolorierte Wandflächen vielleicht der einzige erschwingliche »Luxus« sind.

Irgendwo auf dem Weg in die moderne Industriegesellschaft ist das Wissen um die Bedeutung von Farbe verloren gegangen. Dabei wurden kräftige Farbtöne früher auch in der abendländischen Dekoration häufig eingesetzt. Im ausgehenden 19. Jahrhundert erkannten Künstler und Designer ihren Wert als »Stimmungsmacher«, denn Farben können unsere Gefühle beeinflussen.

Farbe ist Vergnügen und Freude. Sie vermittelt Wohlbefinden und Wärme, Vergeistigung und Verspieltheit – ja schiere Lebensfreude. Verschiedene Kulturen assoziieren bestimmte Farben mit unterschiedlichen Bedeutungen; Symbolik und Tradition von Farben waren noch nie einfach zu verstehen. Gleichzeitig gab man in verschiedenen Teilen der Welt ganz instinktiv bestimmten Farben

Unten: Die roten Backsteine, die das runde Gitterfenster strahlenförmig umgeben, bringen auf unaufdringliche Weise willkommene Abwechslung in die ansonsten schmucklose Mauerfläche. Das komplementäre sanfte Grün der gegenüberliegenden Wand betont den Kontrast.

noch gedämpfteren Tönen, während Lateinamerika mit der lauten Palette von Limonengrün, Türkis, Knallpink, brillantem Blau und Kanariengelb aufwartet. Was die Farbenpracht angeht, herrscht hier das ganze Jahr über Karneval.

Doch Farben müssen keineswegs grell oder schreiend sein. Die gedämpften erdigen Töne von Ockergelb, Haselnussbraun und Terrakotta, kombiniert mit mattem Schwarz und Kalkweiß, beschwören die sengende Sonne Afrikas herauf. Die dezente Ruhe fernöstlicher Interieurs spiegelt sich in einer Reihe zar-

Gegenüber: Lebhaft himmelblaue Wände hinter einem reich verzierten, aber deutlich gealterten Beistelltisch und einem modernen Sofa vermitteln den Eindruck vergangener Opulenz. Der exzentrisch gewundene blaue Glasleuchter krönt das ungewöhnliche Bild.

Oben: Um ihre Schäbigkeit zu vertuschen und die ärmliche Umgebung durch Farbe aufzuhellen, hat man hier in La Boca, Buenos Aires, minderwertigen Baustoffen wie Wellblech und Holzgittern einen leuchtenden Anstrich gegeben.

Rechts: Schlichte Steinstufen gewinnen durch einen mitternachtsblauen Sockel und ein dünnes Metallgeländer gänzlich neue Identität. Das satte Gelb der Wände und der Treppe mildert die harten Konturen.

Vorrang: In den unterschiedlichsten Zusammenhängen begegnet man immer wieder denselben Tönen. In Indien etwa, wo jede Art von Dekoration ganz und gar im Zeichen einer tiefen Liebe zur Farbe und dem Verständnis für sie steht, sind kräftige Rosa-, Orange- und Rottöne allgegenwärtig. Der gesamte Mittelmeerraum, von Griechenland bis Nordafrika, gibt hingegen Blau den Vorrang: Blaugrau, Blaugrün, Indigo, Aquamarin, Himmelblau – satte Töne, die einen grafischen Kontrast zu den weiß gekalkten Hauswänden bilden und in der schattigen Kühle der Innenräume eine beruhigende, fast ätherische Atmosphäre schaffen. Entlang den Stränden der Karibik verwittern die zarten Bonbonfarben Rosa, Pfefferminzgrün und Babyblau unter der starken Sonne zu noch weicheren,

ter, unaufdringlicher Farben – das Spektrum reicht von Blassgrün und Nougatbraun bis zu Biskuit- und Elfenbeinweiß – deren elegantem Charme Tupfer aus Mattgold und Lackrot Leben verleihen.

Dank wachsender Nachfrage bieten Farbenhersteller mittlerweile eine ganze Reihe ethno-exotischer Töne bereits »streichfertig« an. Und wer sich noch nicht ganz stilsicher fühlt, tut möglicherweise gut daran, auf bestimmte Paletten wie karibisch, marokkanisch oder mediterran zurückzugreifen. Der Kontext, in dem die Farben eingesetzt werden sollen, muss jedoch immer stimmig sein.

Man hört häufig, dass die leuchtenden Farben, die unter der südlichen Sonne so strahlend wirken, in nördlicheren Breiten weit weniger leuchten. Daran ist etwas Wahres. Natürlich geht ein Teil Lebhaftigkeit verloren, wenn eine dicke Wolkendecke den Himmel verhängt. Doch darf man sich dadurch nicht die Freude an leuchtkräftigen Farben verderben lassen.

Bei der Gestaltung von Außenwänden können lebhafte Farben in kühleren Klimazonen tatsächlich etwas deplatziert wirken. Innenräume aber sind etwas ganz anderes. Man mag argumentieren, dass Interieurs in nördlicheren Ländern besser beleuchet sind (größere Fenster und künstliches Licht) als im Süden, wo die Sonne vielfach möglichst ausgeschlossen oder abgeschirmt wird, um die Räume kühl zu halten. In einem solchen Ambiente heben kräftige Töne die Stimmung – ganz gleichgültig, wie das Wetter draußen ist.

Weitaus wichtiger, und gerade für die Bewohner nördlicherer Breiten nicht immer einfach, ist es, Farben zu wählen, die in das betreffende Umfeld passen. Wo die Sonne nur wenige Stunden scheint, spielt die Ausrichtung eine wesentliche Rolle. Die kühleren Töne Blau, Grau und Violett sollten nur in Räumen eingesetzt werden, die nach Süden gerichtet sind, wo wärmende Sonnenstrahlen deren Kühle auffangen. Andererseits bringen satte Farben wie Rot und Dottergelb Wärme in Zimmer, die wenig oder keine Sonne erhalten. Aquamarin, Blaugrau und Terrakotta sind »Mischtöne«, die überall hinpassen.

Bedenken Sie zudem, dass absolut kein Grund besteht, alle vier Wände eines Raumes in demselben kräftigen Ton zu streichen. Eine einzige, gut gewählte Fläche vermag bereits lebhafte Akzente zu setzen. Schauen Sie sich die Arbeiten des mexikanischen Architekten Luis Barragán an, der Innenräume durch regelrecht aufeinander prallende Farbflächen definiert. Oder Sie kolorieren nur den unteren Teil der Wand und erzielen so einen »Sockeleffekt«. Da simple Bauernhäuser in aller Welt häufig keine anderen architektonischen Details enthalten, sind solche hüfthohen »Friese« auch durchaus authentisch. Auf ähnliche Weise verleiht Farbe Nischen und Alkoven zusätzliche Tiefe.

Arten von Farbe

Die Besonderheit der Farben, die im modernen Ethno-Stil Verwendung finden, hängt mit dem natürlichen Ursprung der Pigmente zusammen, die aus so unterschiedlichen Materialien wie Erz, Erde, zerstoßenen Insekten, Wurzeln, Beeren oder anderen Pflanzenteilen gewonnen werden. Das typische leuchtende Blau Marokkos, das bei Dämmerung eine ganz eigene Vitalität anzunehmen scheint, stammt von dem Indigostrauch. Überall in Marokko stößt man auf Indigoblau; die als Ritter der Wüste berühmten Tuareg färben sich damit sogar die Haut.

Links: Wichtigstes dekoratives Element dieses Raumes sind die tiefroten Wände. Zwei indische Drucke und der traditionelle Patchwork-Quilt setzen komplettierende Akzente.

Gegenüber: Zeitgenössischer Wohnstil pur – minimalistisch und, dank der heidelbeerblauen, texturierten Wand, zugleich exotisch. Das Kunstwerk an der hellen Wand ergänzt die den Raum bestimmende Vielfalt an Texturen.

Solche Naturfarben scheinen anfangs bisweilen fast grell, werden wegen ihres organischen Ursprungs mit der Zeit jedoch sanfter und gedämpfter. Ihre pudrige Textur erinnert an Temperafarbe, die, bevor moderne Emulsionsfarben den Markt eroberten, als Universalfarbe diente.

Aufgrund des wachsenden Bedürfnisses, umweltfreundliche Produkte einzusetzen, wurden in den letzten Jahren Farben aus natürlichen, organischen Inhaltsstoffen entwickelt, die vielfach ähnliche ästhetische Eigenschaften wie Temperafarbe besitzen. Auch Temperafarbe selbst wird wieder vermehrt angeboten, bedarf aber in der Anwendung besonderer Sorgfalt. Eine empfehlenswerte Alternative sind Farben mit »temperaartigem« Finish, die in Fachgeschäften oder über Versandhandel zu beziehen sind. Darüber hinaus gibt es anorganische Pigmente zu kaufen, aus denen Sie leicht Ihre eigene Farbe herstellen können.

Die gängigen Emulsionsfarben sind in ökologischer Hinsicht zwar eher bedenklich, doch bieten Produzenten mittlerweile so leuchtende Töne an, dass man ihnen – zumal wenn es um die Gestaltung ethno-exotischer Interieurs geht – nur schwer widerstehen kann. Emulsionsfarben trocknen schnell, riechen kaum und decken gut – Vorteile, auf die man ungern verzichtet. Seidenmattes Finish, gut verdünnt, verleiht Oberflächen eine Samtigkeit, die gerade traditionelles Ambiente harmonisch ergänzt.

Wer Lust auf außergewöhnliche Effekte hat, mag mit anderen Farbarten experimentieren. Mattgoldene Metallicfarbe verwandelt jede Wand in einen Hintergrund von orientalischer Opulenz, während die neuen Glitterfarben Glanz und Glamour implizieren. Seit kurzem ist eine Farbe erhältlich, die den seidigen Schimmer von Taft nachahmt. Noch ausgefallener wirkt sogenannte »Wildleder«-Farbe, mit einem speziellen Texturmittel angereicherte Emulsionsfarbe. Wählt man Beige- oder Brauntöne, erinnert das Ergebnis an eine sonnengetrocknete Lehmmauer.

Dekorieren mit Farbe

Im Gegensatz zu anderen Dekorationsarten liegt die Betonung hier auf Vitalität, nicht auf Perfektion – was auch deshalb gut ist, weil Wände nur selten glatt und vollkommen sind. Anstatt viel Geld für einen neuen Verputz auszugeben, können Sie ramponierte Wandflächen farbig streichen, so dass sie an unebene Mauern erinnern, wie man sie in vielen Teilen der Welt findet. Dasselbe Maß an Toleranz vorausgesetzt, lassen sich auch weitergehende Dekorationen ausführen. Künstlerische Pinselfertigkeit ist dazu nicht vonnöten, im Gegenteil: Ein Großteil des Charmes beruht auf dem Eindruck von Handarbeit. Sie brauchen weder aufwendiges Material noch spezielles Werkzeug – nur Fantasie und Mut zur Improvisation.

Für einen großflächigen Effekt tragen Sie die Farbe mit einem Pinsel oder einem weichen Tuch auf. Mehrfache Wiederholung vertieft und intensiviert die Koloration, und die unregelmäßige Textur schafft den Effekt alten Mauerwerks. Eine andere wirkungsvolle Technik besteht darin, auf eine einfarbig vor-

Oben: Willkürlich gesetzte grüne Punkte geben dieser ansonsten öden Küchenwand einen heiteren Anstrich. Die ganz offensichtlich freihändig ausgeführte Arbeit fügt sich in den rustikalen Charme des Raumes.

Rechts: Diese Mustermix-Diele liefert den Beweis, dass sich ganz unterschiedliche Dekorationsstile individuell kombinieren lassen. Die leuchtend kolorierten geometrischen Motive mögen afrikanisch anmuten, schmücken hier aber einen Hausflur im Zentrum von Mailand.

getünchte Wand mit einem weichen Pinsel und stark verdünnter Farbe senkrechte Balken und Linien unterschiedlicher Breite zu ziehen. Eventuelle waagerechte Querlinien können ein Webmuster implizieren. Grundfarbe und Streifenfarbe sollten Ton in Ton gehalten sein, damit die Gesamtwirkung dezent bleibt.

Die wohl individuellste Art von Wandgestaltung ist Mustermalen. Aber Vorsicht: Mustermalen macht süchtig. Legen Sie vor Arbeitsbeginn fest, welche Wandflächen Sie dekorieren wollen, sonst kann es vorkommen, dass Sie vor lauter Begeisterung kein Ende mehr finden. Zart angedeutete oder flächenmäßig begrenzte Muster sind meist dekorativer als wandfüllende. Entgegen der bei uns verbreiteten Meinung beschränkt sich echte Volkskunst nämlich zumeist auf sparsame, minimale Ausschmückung.

Als Ort für Wandmuster bieten sich Ränder, Kanten und Ecken an: parallel zur Decke, entlang der Fußleiste, eine Borte in Hüfthöhe (unteres Drittel der Raumhöhe) oder ein dort endender »Sockel«. Entscheiden Sie sich für eine flächendeckende Dekoration, müssen

Oben: Farbiger Putz und simple Malereien können auf unebenen Wänden wahre Wunder bewirken. Die schlimmsten Makel werden verdeckt, ohne dem Raum seinen stimmungsvoll-primitiven Charme zu rauben. Direktes Auf-der-Wand-Arbeiten bedeutet, dass Sie sofort ein Ergebnis sehen und eventuelle Fehler relativ leicht ausbessern können.

vor Arbeitsbeginn Maßstab und Häufigkeit des Rapports festgelegt werden. Kleine, dezente Motive benötigen weniger Abstand als große und eher figurative Designs.

Bei freihändig gestalteten Mustern, Grundstock der volkstümlichen Dekoration, sind Ihrer Kreativität keine Grenzen gesetzt. Als Inspiration kann Aborigines-Kunst ebenso dienen wie die schwarzafrikanischer Stämme. Nicht nur Hobby-Anthropologen werden überrascht feststellen, welche Ähnlichkeiten zwischen den verschiedenen Kulturen bestehen – kontinentübergreifende Motive, die sich in nahezu jeder ethnischen Dekoration wiederfinden. Punkte, Kreise, Quadrate, Bordüren mit geraden und gewellten Linien ... solch simple Formen repräsentieren die Volkskunst am eindrucksvollsten. Diese Muster sind unverschnörkelt und beziehen ihre Kraft aus lebhaften Farbkontrasten oder dem grafischen Einsatz von Schwarz und Weiß. Komplexere geometrische Dessins sind ein Merkmal islamischer Kunst. Sie bedürfen sorgfältiger Planung, einer ruhigen Hand und einem höheren Maß an Kunstfertigkeit.

Nicht minder direkt und spontan wirken schablonierte oder gestempelte Formen, die ebenso gut figurativ wie abstrakt sein können. Stilisierte Tiere sind fester Bestandteil der Volkskunst, wo etwa Frösche, Eidechsen, Vögel und Tiger bestimmte spirituelle Eigenschaften verkörpern oder geheimnisvolle Kräfte besitzen sollen. Schablonen und Stempel mit Tierformen sind im Handel erhältlich, aber Sie können sie auch leicht selbst herstellen, indem Sie auf festen Karton oder ein Stück Schaumgummi einen einfachen Umriss zeichnen und mit einem scharfen Messer ausschneiden. Tiermotive wirken am schönsten in Borten oder Friesen, und je abstrakter, desto ausgefallener das Ergebnis. Auch Masken, Totems, und Pfeile machen sich in diesem Kontext überaus gut. Handabdrucke sollen das Böse abwehren.

Eine andere höchst dekorative Form des Wandschmucks ist Kalligraphie. Kopieren Sie Schriftzeichen aus ausländischen Zeitungen, aber lassen Sie sich die Texte übersetzen, damit Sie Ihren Wohnbereich nicht unabsichtlich mit Peinlichkeiten schmücken. Bei dieser Dekorationsart brauchen Sie das richtige Werkzeug: Professionelle Kalligraphie-Federn und Tusche verleihen Ihrer Arbeit deutlich mehr Authentizität.

Gegenüber: Ein mit japanischen Schriftzeichen geschmückter Wandbehang komplettiert das fernöstliche Flair dieses Raumes.

Rechts: Hieroglyphenartige Zeichnungen zieren diese Kattun-Bahnen und geben eine stilvoll-dezente Wanddekoration ab. Solche Stoffbahnen sind ausgesprochen vielseitig, einfach herzustellen und eine interessante optische Bereicherung für jeden Raum.

VERPUTZ

In feuchten Putz eingeritzte oder anderweitig integrierte Muster besitzen eine Unvergänglichkeit, die gemalter Dekoration häufig fehlt. Zusätzlicher Bonus ist die Dreidimensionalität der Textur: Lebendig strukturierte Oberflächen laden zum Anfassen ein, vermitteln ein Gefühl bodenständiger Ursprünglichkeit und bereichern kühl-moderne Interieurs dadurch um ein Element der Kontinuität. Wo Mauern aus sonnengetrocknetem Lehm bestehen, ist die Verzierung mit Reliefdekors denkbar einfach. Bei uns hingegen sind die Möglichkeiten, feuchten Putz zu bearbeiten, begrenzt. Stehen jedoch sowieso größere Umbau- oder Renovierungsmaßnahmen an, sollten Sie die Gelegenheit unbedingt nutzen. In Marokko werden Wände häufig nach der *Tadlacht*-Methode dekoriert, wobei Pigmente direkt unter den Putz gemischt werden, so dass die Farbe buchstäblich Teil der Wand wird. Das Ergebnis, bei dem Farbe und Textur untrennbar verbunden sind, sorgt selbst in Klimazonen, in denen herkömmlich aufgetragene Farbe gerne abblättert, für dauerhafte Farbgebung. Eine ähnliche Wirkung erzielt man durch Tränken neutralen Verputzes mit stark verdünntem Pigment. Alternativ können Sie eine verputzte Oberfläche wachsen und das Pigment darauf verreiben. Poliert man die Fläche anschließend, erhält sie einen dezenten Glanz.

Unregelmäßig auf rau verputzte Wände aufgetragenes Pigment führt zu einer interessanten Farbverteilung.

Für noch mehr Textur ritzt man Muster in den feuchten Putz. Selbst die einfachsten Formen ergeben einen auffälligen Blickfang, wenn sie mit etwas Gespür für Größe und Abstand wiederholt werden. Als Hilfsmittel eignet sich Töpferwerkzeug, aber auch Kämme, Nägel, ausgediente Küchenmesser oder Gabeln leisten gute Dienste. Man kann auch Fremdmaterialien in den Putz drücken, solange er formbar ist. Flache Kiesel, Kachelscherben oder Glasmosaiksteinchen, mit der Oberfläche plan abschließend in die feuchte Masse gedrückt, verleihen jeder Wand einen ganz eigenen, rustikalen Charakter.

Dieser Textureffekt kommt natürlich am besten zur Geltung, wenn die verputzte Fläche mehr oder weniger undekoriert bleibt. Gewöhnlicher rosa Putz trocknet zu einem staubgrauen Terrakottarot, das durch seidenmatte Versiegelung noch an Schönheit gewinnt. Ganz unbehandelt sollten Sie verputzte Wände nie lassen, da die Oberfläche sonst staubt, nicht wischfest ist und leicht Flecken bekommt.

Den dekadenten Charme abblätternder Farbschichten kann keine moderne Technik imitieren. Hier verlangt die interessante Textur über dem Rauputz dezente Dekoelemente: einen navetteförmigen Spiegel und ein primitives Steingesicht.

Aufgeklebte Dekoration

Steht kein feuchter Putz zur Verfügung, lassen sich Wände mit einer Reihe anderer Materialien verzieren. Mit am wirkungsvollsten sind kleine, aber augenfällige Dinge wie Pailletten, Glasperlen mit flacher Rückseite oder Spiegelmosaiksteinchen. Allerdings ist hier eine gewisse Zurückhaltung angebracht. Winzige Silberpailletten vor tiefblauem Hintergrund können die Atmosphäre arabischer Nächte hervorzaubern. Dichter bestückt wirkt das Ganze schnell wie ein Disko-Palast. Wagen Sie bei Pailletten einen kräftigen Kontrast zur Wandfarbe, etwa Grün auf warmem Rot, aber vermeiden Sie poppige Vielfarbigkeit.

Den naiven Charme rustikaler Dekoration erzielt man am besten mit Reliefarbeiten. Ein Beispiel hierfür findet sich im Haus des mexikanischen Künstlerpaares Diego Rivera und Frida Kahlo: In einer Nische des Esszimmers wurde eine auf die Wand gemalte Obstschale mit bemalten und lackierten Holzfrüchten gefüllt, die direkt auf den Putz geklebt sind. Das unmittelbare Nebeneinander von Zwei- und Dreidimensionalität wirkt faszinierend surreal.

Die meisten Reliefmaterialien kann man mit einem starken Allzweckkleber an der Wand fixieren. Bei größeren Flächen beschleunigt eine Heißklebepistole die Arbeit. Für Keramikstücke empfiehlt sich ein Fliesenkleber.

Wandverkleidungen

Eine gewisse Dekadenz kann zauberhaft wirken, doch bei wirklich schlimm mitgenommenen Wänden hilft manchmal nur noch Verdecken. Standardlösung für alle, die sich keinen neuen Verputz leisten können, sind Tapeten. Aber es gibt noch andere, mindestens ebenso dekorative Möglichkeiten.

Tapeten dienen seit jeher als Ersatz für andere, teurere Materialien. Wer ein Faible für die moderne Version der Chinoiserie hat, mag Gras- oder deutlich strukturierte Tapeten wählen, die an Bambus erinnern. Ist die Fläche, die verkleidet werden muss, nicht gerade riesig, eignen sich große Bögen aus Pflanzenmaterie recycelten Papiers, in dem noch Reste von Stielen, Blüten und Blättern erkennbar sind. In kleinen Räumen – etwa einem Bad – erfüllen Zeitungspapier (vielleicht mit fernöstlichen Schriftzeichen), Geschenkpapier, Filmplakate oder andere Werbeposter auf höchst dekorative Weise denselben Zweck.

Mit Tapetenkleister lässt sich Papier jeder Art an die Wand kleben. Empfindliche Papiere schützt man (besonders in Feuchträumen) mit einer Lackschicht. Vermeiden Sie Polyurethanlacke, die mit der Zeit vergilben, und kaufen Sie seidenmatten Acryllack.

Wer es auffällig mag, kann unschöne Stellen mit Wandteppichen oder hüfthohen Schmucksockeln aus gefloch-

tenen Palmwedeln oder Schilfrohrmatten kaschieren. Leuchtfarbig bemalte und künstlich »verwitterte« Vertäfelung bringt karibisches Flair ins Zimmer, während dünne Sperrholzplatten mit Laubsägearbeiten lateinamerikanische Motive nachahmen.

Die klassische ethno-exotische Wandverkleidung besteht freilich aus Stoff. Mit farbenprächtigen Textilien verhängte Wände und Decken lassen das romantische Ambiente nomadischen Lebensstils wieder auferstehen. Jene billigen indischen Bettüberwürfe, die man früher mit Reißzwecken an die Wand heftete, rufen allerdings eher die Erinnerung an Studentenbuden wach als die stimmungsvolle Atmosphäre arabischer Nächte. Nicht umsonst spielt im modernen Ethno-Stil Qualität eine ganz herausragende Rolle.

Hüten Sie sich auch vor Motiven, die zu offensichtlich auf einen bestimmten ethnischen Ursprung hinweisen; konzentrieren Sie sich lieber auf Farbe und Textur des Gewebes. Eine mit prächtigem Stoff verkleidete Wand gibt ein stilvolleres Statement ab, als es der – vielleicht authentischere – Zelteffekt täte. Bei begrenztem Budget kann leuchtend gefärbter und an die Wand gehefteter Musselin exotischen Minimalismus präsentieren. Ein Tacker – und ein zweites Paar Hände – sind alles, was Sie brauchen.

Gegenüber: Viele Nomadenkulturen bedecken Möbel, Wände und Boden mit bunten Teppichen, um ihren Zeltunterkünften Wohnlichkeit zu verleihen. Dieser im Grunde kühle Raum greift diese Methode auf und gewinnt dadurch exotische Behaglichkeit.

Oben: Für diesen ausgefallenen Spritzschutz wurden bunt bedruckte Blechdosen aufgeschnitten und flach gehämmert. Lebensmittelverpackungen sind ausgesprochen vielfältig, und was in einem Land Bestandteil des täglichen Lebens ist, gilt anderswo als »exotisch«.

KACHELN

Kacheln sind ebenso dekorativ wie funktionell. In Küche und Bad, wo der Kontakt mit Wasser unvermeidlich und Hygiene oberstes Gebot ist, bieten sie sich als praktischer und einfach zu reinigender Wandschutz an. In warmen Ländern schätzt man Kacheln seit jeher, weil sie Innenräume kühl halten. Vom ästhetischen Standpunkt aus betrachtet, stellen geflieste Oberflächen einen lebendigen Bezug zu ethnischen Traditionen her. Das dekorative Spektrum ist ungeheuer breit und umfasst eine Vielfalt von Farben, Texturen, Mustern und Glasuren.

Echte Keramikfliesen haben nur wenig mit jenen armseligen, anonymen Massenprodukten gemein, die man in Baumärkten findet und die in aller Regel ebenso langweilig wie eintönig sind. Denken Sie lieber an die dynamischen, kraftvollen Ursprünge dieser Kunst, die in den handgefertigten und handglasierten Kacheln zum Ausdruck kommen, deren brillanter Farbreichtum und plastische Muster Leben sprühen.

Die Anfänge der Kachelfertigung liegen weit zurück. Das Töpferhandwerk stammt aus prähistorischer Zeit und ist Merkmal aller Kulturen, die Zugang zu Ton hatten. Die Fliesenherstellung selbst entwickelte sich vermutlich im Nahen Osten: Schon um 2500 v. Chr. schmückten die Ägypter Wandflächen mit glasierten keramischen Plättchen. Mit dem Aufstieg des Islam wurde Persien zu einem bedeutenden Zentrum der Kachelherstellung – berühmt nicht zuletzt wegen seiner metallisch glänzenden Lüsterglasuren. Zu kunstvollen geometrischen Mustern gelegt, schmückten Wandfliesen in leuchtenden Blau-, Grün- und Gelbtönen Paläste und Moscheen. Maurischer Einfluss brachte das Kunsthandwerk nach Spanien, Portugal und Italien und später weit über Europa hinaus in die spanischen Kolonien Lateinamerikas. Etwa um dieselbe Zeit wurde die Kachelherstellung

Oben: Ein Spritzschutz aus einfarbig-schlichten Wandfliesen wird durch grafische Elemente – hier sind es afrikanisch inspirierte Motive – aufgelockert.

Gegenüber: In vielen Wohnhäusern des Mittelmeerraums und Nordafrikas spielen Kacheln eine wesentliche Rolle. Einfache geometrische Muster, schmale Borten und eine einheitliche Farbgestaltung sorgen trotz des vielfältigen Motivreichtums stets für ein harmonisches Gesamtbild.

Oben: Mosaikbilder sind gar nicht schwierig zu fertigen und fesseln doch die Aufmerksamkeit. Weiterer Blickfang in dieser Küche, die in einen Alkoven eingebaut wurde, sind bunte geometrische Borten, die die beiden Arbeitsflächen säumen.

Rechts: Schmale taubenblaue Kacheln bilden die Umrandung der grafischen Muster auf Wänden und Fußboden, die einander – trotz unterschiedlichen Designs – ergänzen.

auch von dem Bestreben beeinflusst, die glänzenden Farben chinesischen Porzellans zu imitieren. Hochglänzende islamische Zinndioxidglasuren inspirierten im 15. Jahrhundert die Entwicklung der italienischen Majolikatechnik, bei der die rötlichen Tonwaren eine weißdeckende Grundglasur erhalten. Im 19. Jahrhundert brachten Keramiken aus dem Vorderen Orient exotisches Flair in »maurische Zimmer«. William De Morgan, Zeitgenosse und zeitweilig auch Partner von William Morris, war für die Wiederent-

deckung der Lüsterglasur verantwortlich. Seine Kacheln, in denen die »persischen« Farben Türkis, Grün und Schwarz vorherrschen, beeinflussten die Jugendstilkeramik ganz wesentlich. Einige traditionelle Keramikmuster (etwa die wunderschönen türkisch-osmanischen Iznik-Fliesen) sind stark in eine bestimmte Kultur eingebunden und daher für zeitgenössische Interieurs weniger geeignet. Hierzu passen besser schlichte Farb- und Texturkontraste oder stilisierte Motive, wie bei den einfachen Fliesen des Mittelmeerraums. Kacheln, bei denen die Dekoration eingebrannt ist, sind in vielen Designs erhältlich. Kombiniert mit einfarbigen Fliesen oder Terrakotta verleihen sie modernem Ambiente ethnisches Flair und Vitalität.

Dekoration mit Kacheln darf nie halbherzig sein. Ein Spritzschutz aus wenigen Reihen über Waschbecken, Wanne oder Küchenspüle wirkt ärmlich und steht in krassem Widerspruch zu der Robustheit des Materials. Folgen Sie dem Beispiel südlicher Länder und fliesen Sie mindestens bis zur halben Raumhöhe.

Auch Mosaiken, eine weitere antike Kunstform, fügen sich wunderbar in moderne Interieurs ein. Da die einzelnen Steinchen sehr klein sind, empfiehlt es sich, bereits fertig zusammengesetzte Stücke zu kaufen. Am dekorativsten wirken gedämpfte Grundfarben mit goldglänzenden, silberfarbigen oder Spiegelteilchen als Glanzlicht.

GEMALTE FENSTERUMRANDUNG

Die Muster, Farben und Motive der australischen Aborigines-Kunst sind gleichermaßen schlicht und exotisch. Ihre satten Töne kombinieren die Farben von Erde, Sand und Fels zu einer Palette, die ebenso beruhigend wie heiter wirkt.

Die Pointillismus-Technik, mit der dieses schmucklose Fenster umrahmt wurde, ist einfach auszuführen und nimmt nicht viel Zeit in Anspruch. Sie eignet sich auch für Schmuckleisten oder als großflächige Wanddekoration. Fertigen Sie zuerst einen Entwurf auf Papier an – nach Abbildungen aus Büchern über Aborigines-Kunst oder Ausstellungskatalogen. Am besten fliegen Sie natürlich hin und schauen sich die Originale an.

MATERIAL UND WERKZEUG

Maßband, Bleistift, Acrylfarbe in ca. 5 verschiedenen Erdtönen, Pinsel, Palette, Untertasse, Schwamm, Wattestäbchen.

1

ARBEITSSCHRITTE

1. Die Breite der Schmuckbordüre festlegen und mittels Maßband und Bleistift markieren. Die Hauptfarbe auftragen und die Grundformen des Musters mit Bleistift skizzieren. An jeder Ecke einen Kreis um eine Untertasse ziehen. Die braune Farbe für die Kreise mit einem Schwamm auftragen, damit sich eine interessante Struktur ergibt.

2. Mit dem Bleistift die Schlangenlinien vorzeichnen und anschließend freihändig mit Farbe (feiner Pinsel) nachziehen.

3. Die Kreise mit Punkten füllen. Dazu Wattestäbchen in die verschiedenen Farben tauchen. In jedem der 4 Kreise den mittleren Punkt malen und dann jeweils eine Farbe nach der anderen auftupfen. Zuletzt weitere Punkte rings um die Schlangenlinien setzen. Wattestäbchen vor dem Eintauchen in die Farbe anfeuchten.

2

3

SCHABLONIERTE TIERBORDÜRE

Diese stilisierten Tierformen schmücken hier einen Türsturz, eignen sich aber auch als Wandbordüre oder Umrahmung für ein Waschbecken. Einige wenige Motive sind wirkungsvoller als eine ganze Arche Noah.

Der Randleisten-Rapport und die Tierschablonen lassen sich aus beschichtetem Karton leicht selbst herstellen; die Zeichnung der Tiere wird nach Beendigung der Schablonierarbeiten freihändig aufgetragen. Kopieren Sie Vorlagen aus Büchern über afrikanische Kunst oder holen Sie sich im Museum Inspirationen. Im Fachhandel gibt es auch fertige Schablonen zu kaufen.

MATERIAL UND WERKZEUG

Bleistift, Lineal, Pinsel, Kreppband, Acrylfarbe in Schwarz sowie eine Hintergrundfarbe, fester Karton, Cuttermesser, Schneideunterlage, Sprühkleber, Schablonierpinsel, Acryllack, seidenmatt.

ARBEITSSCHRITTE

Vor Arbeitsbeginn mit Bleistift und Lineal die Position der Schmuckleiste anzeichnen. Zunächst die Bordüre in der gewählten Hintergrundfarbe streichen; dabei Flächen, die nicht koloriert werden sollen, stets mit Kreppband abdecken. Satte Erdfarben (dunkles Rot, erdiges Ockergelb oder Hellbraun) lassen afrikanische Motive echter erscheinen.

1

❶ Schablonen anfertigen: Ausgewählte Motive mit dem Fotokopierer vergrößern oder eigene Motive entwerfen und die Umrisse auf festen Karton übertragen. Auf einer geeigneten Unterlage mit einer scharfen Klinge ausschneiden.

2

❷ Die Schablone der durchgehenden Randleiste mit etwas Sprühkleber oben an der Türöffnung fixieren. Mit dem Schablonierpinsel schwarze Farbe aufnehmen und das Motiv kolorieren. Sobald die Farbe trocken ist, die Schablone abnehmen und etwas tiefer so anlegen, dass das Design kontinuierlich weiter läuft.

3

❸ Schablonen anlegen und kolorieren. Nach dem Trocknen mit einem feinen Pinsel in anderer Farbe die Zeichnung ergänzen. Zuletzt mit mehreren Schichten seidenmattem Acryllack schützen.

PAILLETTEN-SCHMUCKLEISTE

Die Brillanz indischer Farben ist allein schon ein Augenschmaus und vermittelt einen ersten Eindruck von der exotischen Opulenz dieser Dekoration. Um Farben wie strahlendes Fuchsiapink, Orange, Kobaltblau und Himbeerrot einzusetzen, braucht es schon einigen Mut. Andererseits lautet das Motto hier: ganz oder gar nicht. Entweder Sie entscheiden sich dafür und gehen in die Vollen, oder Sie lassen überhaupt die Finger davon. Der einzige wirkliche Fehler wäre in diesem Falle Halbherzigkeit.

In unserem Beispiel greift eine dekorierte Fußbodenleiste die kompromisslosen Farben des Raums auf. Auf knallrosa lackiertem Holz werden bunte Papierbildchen, Pailletten und Spiegelplättchen zu einem herrlich kitschigen Indien-Potpourri kombiniert. Auf dieselbe Art können Sie auch Holzblenden, Türen, Möbel und sogar Fußböden dekorieren. Bunte Bildchen finden Sie in Reiseprospekten, die nötigen Accessoires in Orientläden.

MATERIAL UND WERKZEUG

23 cm hohe Holzfußleiste in der benötigten Länge, Schleifpapier, Pinsel, Holzlasur auf Wasserbasis in Knallrosa, Bleistift, Lineal, Zirkel, Buddha-Bilder

aus Papier, Schere, bunte Pailletten, winzige Spiegel, Holzkleber, seidenmatter Lack auf Wasserbasis.

ARBEITSSCHRITTE

Ist die bisherige Fußleiste relativ niedrig, diese entfernen und eine mindestens 25 cm hohe neue besorgen. Die Vorderseite mit Sandpapier schleifen. Alles mit 1 bis 2 Schichten rosa Lasur streichen. Jeden Farbauftrag gut durchtrocknen lassen.

❶

❶ Mit Lineal, Bleistift und Zirkel den ersten Rapport des Designs festlegen. Die Positionen von Hauptmotiven und Zwischendekoration auf der Fußleiste markieren, damit die Dekors gleichmäßig verteilt sind. Einige Stücke probeweise fixieren, um zu sehen, wie das Ganze wirkt. Papierbilder ausschneiden.

❷ Die Hauptmotive mit Holzklebstoff an den markierten Stellen auf die Fußleiste kleben. Trocknen lassen. Auf einem Stück Papier Pailletten und Spiegel zu Mustern legen, bis Ihnen die Anordnung gefällt. Dann eine dünne Schicht Holzklebstoff auf die Leiste auftragen und die Dekoration festkleben.

❸ Ist alles trocken, mehrere Schichten Klarlack auftragen, um die Bilder zu schützen und das Ganze haltbarer zu machen. Zuletzt die fertig dekorierte Fußleiste anbringen.

❷

❸

Fussböden

FUSSBÖDEN

Von den zauberhaften Farben und Mustern echter Perserteppiche bis hin zur neutralen Stille von Tatami-Matten bieten Bodenbeläge eine fast unbegrenzte Fülle von Möglichkeiten, Räumen ethno-exotisches Flair zu verleihen. Vielleicht noch prägender ist jedoch der Einfluss von Kulturen, die traditionell »auf dem Fußboden« wohnen. Im Osten wurden seit jeher viele Tätigkeiten nahe am oder sogar direkt auf dem Boden verrichtet. Heute lässt sich auch bei uns ein Trend zu diesem »Floor-Level-Living« beobachten, der die Aufmerksamkeit zunehmend auf Ausstattung und Zustand des Fußbodens lenkt.

Unzulänglichkeiten des Bodenbelags fallen meist eher auf als andere Mängel im Wohnbereich. Denken Sie bei der Wahl des Bodenbelags daher nicht allein an die Optik, sondern auch daran, wie er sich im Alltag bewähren wird, wie er altert und wie man darauf läuft.

Ästhetisch gesehen spielt der Fußboden eine nicht zu unterschätzende

Zement wird zwar vorwiegend mit modernen minimalistischen Interieurs assoziiert, bildet aber auch eine passende Grundlage für ethno-exotische Dekoration. Die kühl-glatte Oberfläche dieser blau gestrichenen Stufen steht in interessantem Kontrast zu den terrakottarot verputzten Wänden.

Rolle, was wenig überrascht, wenn man bedenkt, welch große Fläche er einnimmt. Gerade in modernen, sparsam möblierten Interieurs wird er zu einem eigenen Objekt, dem unweigerlich gewisse Aufmerksamkeit zukommt.

Eine Vielzahl von Bodenbelägen wird sowohl ästhetischen als auch praktischen Anforderungen gerecht; einzige Ausnahme ist wohl Teppichboden, den ein ethno-exotisches Ambiente von vornherein ausschließt. Wenn es an die engere Wahl geht, müssen Sie das Gesamtbild des Raums vor Augen haben, gleichzeitig aber auch berücksichtigen, welchen Ansprüchen er genügen muss. Den im Kontext des modernen Ethno-Stils passenden Bodenbelag zu finden, ist nicht zuletzt eine Frage der richtigen Gewichtung. Sind andere Oberflächen reich dekoriert oder tragen die Möbel lebhaft gemusterte Überwürfe, wirkt ein schlichter, neutraler Boden ausgleichend und erhält den Bezug zur Moderne. Im Rahmen einer eher minimalistischen Interpretation des Ethno-Stils hingegen kann der Fußboden selbst zu einem gestaltenden Element werden.

Dieser bunt kombinierte Boden aus Linoleumfliesen und leuchtend blauem Kachelmosaik ist optisch anregend und zugleich immens praktisch. In das Gesamtdesign integriert, folgt der Rost der Fußbodenheizung den Konturen und kann als eigenes Dekoelement gelten.

Parkett gewinnt mit zunehmendem Alter an Charme. Im Fischgrätmuster verlegt, bildet es hier den klassischen Untergrund für exotische Sitzmöbel, Streifenvorhänge und Orientteppiche. Die eklektische Mischung traditioneller sowie ethnischer Möbel und Wohnaccessoires wirkt elegant und zugleich einladend bequem.

Holz

Holzböden, egal ob alt oder neu, zählen zu den angenehmsten Oberflächen überhaupt. Die Beschaffenheit des Materials wirkt beruhigend und vertraut, es stellt eine Verbindung zur Umwelt her, und seine lange Tradition vermittelt ein Gefühl der Kontinuität. Bei Naturholzböden sorgt allein die Maserung dafür, dass selbst große Flächen niemals eintönig aussehen. Hinzu kommt, dass sie mit zunehmendem Alter an Charakter gewinnen. Auch unter praktischen Gesichtspunkten erweisen sich Holzfußböden als ausgesprochen dankbar und vielseitig. Sie federn, sind wärmer als Stein oder Fliesen, aber hygienischer und edler als Auslegware. Holz bildet das perfekte Mittelmaß auf der Skala zwischen harten und weichen Bodenbelägen.

Dekorative afrikanische Flechtkörbe und ein geschnitzter Hartholzstuhl würden dieses Schlafzimmer vielleicht zu exotisch stimmen, wäre nicht der helle Buchenboden. Derartige Riemenböden lassen sich wunderbar auf Zement oder Estrich verlegen, decken aber auch jeden anderen bereits vorhandenen, doch vielleicht nicht mehr präsentablen Bodenbelag ab.

Aus dem zeitgenössischen Ambiente sind Holzböden nicht wegzudenken: Auf ihnen spielt sich das moderne Leben ab, sie sind der ideale Untergrund für Interieurs, die sich nicht in den Vordergrund drängen. In modernen Räumen mit ethnischem Touch kann helles Holz manchmal etwas zu nordisch wirken. Tatsächlich ist Holz eher das Baumaterial nördlicherer Breitengrade; in wärmeren Klimazonen gibt man zumeist härteren und kühleren Bodenbelägen den Vorzug. Wählt man dunkleres Holz bzw. streicht oder beizt bereits existierende Böden dunkler, erscheint das Umfeld freundlicher. Die warmen Töne von Tropenholz schaffen sanfte Oberflächen, während sehr dunkle Hölzer etwas Elementares an sich haben. Für ein rustikaleres Ambiente empfiehlt sich ein Belag aus Roteichenholz oder Schwarzer Walnuss. Mahagoni, Iroko, Teak, Afrikanische Walnuss oder Mutenye, Merbau, Wengé und Jarrahholz sind kostbare exotische Arten. Wie bei allen Tropenhölzern müssen Sie hier unbedingt eine Garantie des Lieferanten verlangen, dass seine Produkte entweder wiederverwendet sind oder aus umweltgerecht bewirtschafteten Plantagen stammen.

Tropische Harthölzer sind teuer. Günstiger bekommt man dagegen einheimische Dielen, die so behandelt wurden, dass sie die dunklen Töne von Teak oder Mahagoni imitieren. Am häufigsten werden hierzu Buche und Eiche verwendet.

Wenn Ihre Wohnung bereits über einen Holzboden verfügt, können Sie diesen selbst abdunkeln. Als Erstes müssen

Links: In den puristischen Interieurs des Fernen Ostens, vor allem in Japan, dienen Holzfußböden auch als Sitz- und Schlaffläche.

Gegenüber: Elegante Steinstufen bilden den Aufgang zu einem schmalen, höher gelegenen Korridor. Damit das Ganze nicht zu spartanisch und kühl wirkt, erhielt eine Wand kleine quadratische Gucklöcher, die andere einen Anstrich in warmem Sonnengelb.

die alten Firnis- oder Wachsschichten abgeschliffen werden, damit die Oberfläche glatt und sauber ist. Anschließend können Sie das Holz in dem gewünschten Farbton beizen (Anleitung des Herstellers beachten!). Eine Versiegelung oder mehrere Wachsschichten schützen das neue Finish. Wer es sich noch einfacher machen will, streicht den Boden in einer dunklen Holzfarbe oder schwarz. Glänzend schwarze Dielen wirken typisch orientalisch.

Bei Böden, die als Blickfang dienen, kann eine Bemalung den Dekorationswert erhöhen. Verwenden Sie entweder farbige Beizen (so bleibt die Maserung sichtbar) oder handelsübliche Ölfarbe. Am besten deckt Bootslack, der allerdings sehr langsam trocknet und nicht einfach zu verarbeiten ist. Häufig reicht ein einfarbig lackierter Fußboden aus, um exotischen Einfluss vorzuspiegeln. So wirkt dunkles Purpurblau marokkanisch, während Pink oder Safrangelb in Mardi-Gras-Stimmung versetzen; Terrakotta, Schwarz und Weiß sind afrikanisch anmutende Erdtöne. Freihändig gemalte Sterne, Wellenlinien, Rauten, Punkte etc. eignen sich als Randverzierung; Mutige können schlichte geometrische Muster (Streifen oder Schachbrett) großflächig einsetzen.

Beton

Beton gilt als Inbegriff moderner Architektur. Die pure Nacktheit dieses Werkstoffes erfreut sich bei all jenen wachsender Beliebtheit, die, dekorativ gesprochen, der Ehrlichkeit den Vorrang vor Artifiziellem geben.

Viele halten Beton für die Quintessenz all dessen, was wir an urbanen Bauten hässlich finden. Dennoch kann er, das richtige Finish vorausgesetzt, eine eigene Schönheit entwickeln, deren sandig-warmes Erscheinungsbild die ihm eigene Härte und Kälte Lügen straft. Im Kontext ethno-exotischer Dekoration nähert sich Beton gestampftem Lehmboden an.

Ein leuchtender Anstrich hebt Beton über das Maß des Gewöhnlichen hinaus. Man kann Pigmente direkt in die Zementmasse mischen, den Boden aber auch mit Acryl- oder spezieller Zementfarbe lackieren. Eine weitere Möglichkeit ist die Beschichtung mit glänzendem Harz. Luis Barragáns Interpretation des typisch mexikanischen Stils bietet ebenso viel Inspirationen wie traditionelle Adobe-Häuser.

Wie Putz lässt sich auch feuchter Beton vielfältig gestalten. Ritzen Sie Muster ein oder drücken Sie kleine Steine in die Oberfläche.

Stein

Stein ist ein natürlicher Bodenbelag von zeitloser Schönheit. Charaktervoll und bisweilen sehr streng, ruft Stein den Eindruck einer gewissen Grandeur und überzeitlichen Monumentalität wach, die vermutlich durch seinen Einsatz in Palästen und Kirchen bedingt ist. Eben diese Eigenschaft macht Stein aber auch zum idealen Material für Interieurs, deren Betonung auf dem Elementaren und Plastischen liegt. Gleichzeitig kann Stein überaus ursprünglich wirken. Die satten Farben von Schiefer sind alles andere als langweilig und kühl, und bunt zusammengefügte unregelmäßige Steinplatten bilden die perfekte Ergänzung zu primitiven ethnischen Dekors.

Größter Nachteil in unseren Breiten ist die Kälte, die Stein zu Eigen ist. In wärmeren Klimas freilich bieten Steinböden die Möglichkeit, selbst bei großer Hitze Kühle zu speichern – und lassen sich schnell mit einem Eimer Wasser von Staub und Schmutz reinigen. Eine traditionelle Art der Klimatisierung besteht darin, um das Haus gelegene Steinflächen zu befeuchten, Türen und Fenster zu öffnen und die durch Verdunstung abgekühlte Luft zirkulieren zu lassen.

Ohne Fußbodenheizung oder isolierende Teppiche kann Steinboden in Mittel- und Nordeuropa leicht ungemütlich wirken, weshalb er hier fast ausschließlich in Dielen, Küchen und Badezimmern

zum Einsatz kommt. Stein ist außerdem denkbar hart – und keineswegs billig: Ein Steinfußboden überdauert mehrere Generationen, aber entsprechend hoch sind auch die Investitionskosten. Abgesehen von den allerdünnsten »Fliesen« müssen sämtliche Steinarten professionell verlegt werden, und vorher muss sichergestellt sein, dass die darunter befindliche Bausubstanz das beträchtliche Gewicht zu tragen vermag.

Wenn Sie kühle Ästhetik suchen, ist Kalkstein die richtige Wahl. Es gibt »warme«, »geflammte« Arten, doch am gängigsten sind cremeweiße und graue Steine, die ein Statement neutraler Eleganz abgeben. Kalkstein ist weicher als andere Natursteine und tritt sich daher auch am ehesten ab. Solche Abnutzungserscheinungen werden aber erst nach vielen Jahrzehnten, wenn nicht gar Jahrhunderten sichtbar. Wer es nicht mag, dass ein Boden neu aussieht, kann wiederverwertete Steinplatten kaufen, die jedoch zu stolzen Preisen gehandelt werden.

Marmor ruft eine ganze Reihe von Assoziationen wach, vom billigen Glamour neureicher Wohnungsausstattung bis hin zu wahrhaft nobler Eleganz. Die durchscheinende Kühle weißen Marmors, grafisch abgesetzt gegen schwarzen Marmor oder Schiefer, ergibt – vor allem in Verbindung mit lebhaft kolorierten Wänden – einen klassischen Boden. Auffällig ist geaderter Marmor, den man in wunderschönen Farbtönen findet, von gebrochenem Weiß über warmes Rot bis hin zu einem tiefen Blaugrau.

Während Steinmaterial eine gewisse Neutralität zu Eigen ist, wirkt Schiefer alles andere als zurückhaltend. Zwar wird er gerne für moderne Interieurs verwendet, passt aber durchaus auch zu ethno-exotischer Dekoration. Charakteristische Farben sind Schwarzblau, dunkles Graugrün und Schiefergrau, doch gibt es auch, aus Afrika und Indien importiert, hellere Arten in Grün, Rostrot, Purpur und Rosa. Auch bei der Oberflächenbeschaffenheit bestehen Unterschiede.

Kieselsteine und Kopfsteine blicken auf eine lange Geschichte als Bodenbelag zurück, sowohl im Außen- als auch im Wohnbereich. Kunstvoll gepflasterte Innenhöfe gehören im Mittelmeerraum und im Nahen Osten zur Tradition. Zu dekorativen Labyrinth- oder Spiralmustern gefügt, ergibt sich eine gelungene Synthese aus Fundstücken und primitivem Design.

In Inneräumen ergänzen naturgeschliffene Steine Kachel- oder Steinfußböden und bilden, etwa an Türschwellen, interessante Abschlüsse. Damit der Gesamteffekt erhalten bleibt, sollten die Steine immer etwa gleich groß sein und auch eine ähnliche Form haben. Außerdem müssen sie möglichst plan einzementiert werden, damit sie nicht zu Stolpersteinen werden.

FLIESEN

Fliesen – die »Steine des armen Mannes« – haben sich in jahrhundertelangem Einsatz bewährt. Genau wie bei den Wandfliesen ist, wenn es um die Ausstattung ethno-exotischer Interieurs geht, handgefertigten traditionellen Kacheln gegenüber modernen Massenprodukten der Vorzug zu geben. Allerdings kann der rustikale Charakter vieler Fliesen der modernen Ästhetik abträglich sein. Diese Gefahr lässt sich umgehen, wenn Sie sich auf schlichte, solide Farben und Muster beschränken.

Terrakottafliesen ergeben einen warmen, einladenden Bodenbelag. Sie sind weit weniger kalt als Stein, und ihre erd-

Oben: Fußbodenfliesen mit Stern- und Rautendekor verbreiten, vor allem in Kombination mit Flechtwerk und lichtblauen Wänden, nordafrikanisches Flair.

Links: Wasserblauer Kachelboden, gotische Fensterbögen, zarte Musselinstores und ein verschnörkelter Deckenventilator verbinden sich hier zu einem einladend kühlen Ruheraum.

Unten: Kachelböden müssen nicht immer aus gleichförmigen Quadraten bestehen. Eine Kombination unterschiedlicher Größen, Formen und Farben bietet sich vor allem in warmen Klimazonen an, wo Teppiche eher Luxus als Notwendigkeit sind.

verbundene Ästhetik harmoniert wunderbar mit Ausstattungselementen im südländischen Stil. Zudem passen sie hervorragend in Küchen. Das Farbspektrum reicht je nach Herkunft von hellem Ockergelb bis Dunkelrot, und die Oberfläche kann glatt oder unregelmäßig sein. Alte Terrakottafliesen besitzen ein ganz eigenes Charisma. Besonders attraktiv wirken Terrakottaböden mit dezentem Kantenschmuck, der Ton-in-Ton oder mit Schiefer farblich abgesetzt sein kann und einen grafischen Kontrast ergibt.

Rechts: Dieser Flur, in dem braun-grau-weißer Terrazzo an ähnlichfarbige, breit verfugte Keramikfliesen stößt, gewinnt durch das große Fenster und in die Decke integrierte Glasbausteine an Helligkeit. Dank harmonisch aufeinander abgestimmter Farben und Materialien wirkt der Raum überaus einladend.

Aber es gibt noch weitere traditionelle Kachelböden. Kleine Quadrate aus schwarzen oder blauen und weißen Fliesen sind vom Tenor her typisch nordafrikanisch. Solche einfachen Muster wirken am dekorativsten, wenn sie wirklich große Flächen bedecken.

Einfarbige fabrikgefertigte Keramikkacheln unterstreichen die klare Linienführung moderner Interieurs. Gleichmäßig verlegt, eignen sich helle Beigetöne als neutraler Untergrund, der kühl genug wirkt, um an südliche Gefilde zu erinnern, während lebhafte Farben einem Raum exotische Würze verleihen.

Noch ein praktischer Hinweis: Glasierte Fliesen können – vor allem im Bad – gefährlich glatt sein. Wählen Sie für Feuchträume deshalb immer lieber rutschfeste Materialien.

Ein Boden aus Marmor verleiht Badezimmern vornehme Strenge. Ohne aufdringlich zu glänzen, reflektiert er sanfte Schatten und ruft ein Gefühl der Entspannung hervor. In einem sparsam dekorierten Raum mit klaren Linien, wie oben abgebildet, macht sich der dezent-luxuriöse Bodenbelag besonders gut.

Oben: Glasbausteine, normalerweise Wänden und Decken vorbehalten, sind hier Teil eines ungewöhnlichen Fußbodens. In Verbindung mit kleinen Mosaiksteinchen ergibt sich ein Gesamteindruck von mediterranem Flair.

Rechts: Terrazzo wirkt exotisch und zweckmäßig zugleich. In dieser modern gestylten Küche setzt er als Spritzschutz und am schmucklosen Kamin die richtigen Akzente. Ein Kelim in kräftigen, warmen Farben verhindert, dass der Raum kalt und ungemütlich wirkt.

Mosaik

Obwohl Mosaik sehr arbeitsintensiv und entsprechend teuer ist und daher nur für kleinere Flächen in Betracht kommt, kann es in einem Bad (oder auch nur einer Dusche) zum Blickfang werden.

In den letzten Jahren hat die antike Kunst des Mosaiklegens eine Renaissance erlebt. Das verwundert insofern nicht, als diese Technik in perfekter Weise die klaren Linien moderner Ästhetik mit eher exotischen Zierelementen verbindet.

Einfarbige Mosaikfliesen in einem intensiven Ton ergeben einen wirkungsvollen Bodenbelag. Doch Mosaik eignet sich auch für geometrische Dekors sowie figürliche Darstellungen. Einfache Muster gelingen auch geübten Heimwerkern, komplexere Motive sollten Sie jedoch einem Fachmann überlassen.

Terrazzo

Terrazzo, eine Mischung aus Marmor- oder Granitsplittern und Zement, blickt trotz seines zeitgenössischen Image auf eine lange Tradition zurück. Ähnliche Böden sind im Mittelmeerraum seit Jahrhunderten weit verbreitet, weil man ihre interessante Textur und glatte Kühle schätzt. Heute assoziiert man Terrazzo zumeist mit gewerblichen Interieurs: Er bildet den widerstandsfähigen und pflegeleichten Boden vieler Hotels, Geschäfte und öffentlicher Bauten. Doch auch im Wohnbereich kann die lebhafte, aber dezente Musterung überaus attraktiv wirken. Terrazzo wird entweder an Ort und Stelle gegossen oder in Form von Platten verlegt. Beides ist teuer und muss fachmännisch ausgeführt werden.

Bodenbeläge aus Linoleum und Kunststoff

Moderne Bodenbeläge wie Linoleum, PVC und Gummi haben auf den ersten Blick kaum etwas Exotisches an sich, können aber gerade in stark beanspruchten Räumen wie Bad und Küche Farbakzente setzen, die den entsprechenden Stil perfekt ergänzen. Linoleum, ein Naturprodukt, wurde in den letzten Jahren wieder entdeckt und ist heute in einer Reihe lebhafter Farben erhältlich, die auch ausgefallenere Dekorationsstile wirkungsvoll ergänzen. Die Grundbestandteile von Linoleum, darunter Kreide und Leinöl, sorgen dafür, dass die Farben nie grell wirken und mit der Zeit weicher werden. Gummi hat ein ähnliches Comeback erlebt und in einer Palette knalliger Töne den Markt erobert. Genoppte Gummibeläge findet man vorwiegend im Industriebereich, glatte Oberflächen eignen sich auch in unserem Kontext.

PVC, einen oft verpönten synthetischen Kunststoff, gibt es in vielen Mustern, die hochwertigere und teurere Materialien imitieren. Reizvoller wirken einfarbige und/oder mit Quarzsplittern gesprenkelte PVC-Beläge, die die Rutschfestigkeit erhöhen und bei Lichteinfall funkeln. PVC-Beläge eignen sich vor allem dann als Bodenbelag, wenn Strapazierfähigkeit verlangt wird.

Alle genannten Materialien sind in Bahnen und als Fliesen erhältlich. Bahnen wirken einheitlicher; Fliesen lassen sich auch zu auffälligen geometrischen Mustern kombinieren und können selbst verlegt werden.

Rechts: Geometrische Motive machen einen PVC-Belag zu Boden und Teppich in einem. Auf einer derart glatten und Licht reflektierenden Oberfläche wirken koloniale Möbelstücke gleich weniger wuchtig.

Ganz rechts: Anders als Keramikfliesen kann ein »weicher« Bodenbelag Wärme in dieses Badezimmer bringen.

Oben: Bodenbeläge aus Naturfasern wie Sisal, Jute oder Seegras eignen sich optimal als neutraler Untergrund für unaufdringliche Interierus. Weicher und wärmer als Holzdielen oder gar Stein, wirken sie auch »exotischer« als Teppichboden.

Rechts: Das braun-beige Zickzackmuster des Teppichbodens prägt diesen Raum ebenso stark wie der kunstvoll geschnitzte afrikanische Beistelltisch.

Teppichwaren

Auslegware, der wohl gängigste Bodenbelag überhaupt, hat, wenn es um ethnoexotische Dekoration geht, gewisse Nachteile. Obwohl man Teppichboden mittlerweile in wirklich jedem Ambiente findet, haftet ihm etwas Elegantes an, das schlecht zu den primitiven Elementen des Ethno-Styles passt. Außerdem deutet er auf kühlere, nördlichere Klimazonen hin, wo ein fußwarmer Boden gefragt ist.

Intensive Farbe kann diese Assoziationen weitgehend neutralisieren, und knallige Violett- und Fuchsiatöne setzen sich mit Leichtigkeit über das biedere Vorstadtimage hinweg. Auch dichter, samtiger Flor mit fast wildlederartiger Textur bildet eine Ausnahme. Oder Sie entscheiden sich für jene relativ neue Art, die Bodenbeläge aus Naturfasern nachahmt: gröbere Gewebe mit Noppen, bevorzugt in Elfenbein- und Cremeweiß oder eleganten Grau- und Braunnuancen.

Eine vollständig mit Teppichboden ausgelegte Wohnung wird nie sonderlich suggestiv sein, aber auf kleinere Flächen beschränkt, sind die Vorzüge dieses konkurrenzlos warmen und weichen Belags schwer zu leugnen.

Bodenbeläge aus Naturfasern

Wenn Sie den Look gleichmäßiger Großflächigkeit mögen, aber Teppichboden ablehnen und Ihnen Stein oder Fliesen zu hart und kalt sind, könnten Naturfaserbeläge die Lösung sein. Sie bestehen aus Pflanzenfasern unterschiedlichster Art und verbinden moderne Zurückhaltung mit einer Rustikalität, die von ihrer ungekünstelten Struktur herrührt. Als großflächige Auslegware sind Naturfaserböden relativ neu, ihre Ursprünge jedoch reichen Jahrtausende zurück: Gewebte Gras- und Schilfmatten dienen in vielen Teilen der Welt seit Urzeiten als simpler Bodenbelag. Bei uns kamen aus den Kolonien importierte Naturfasermatten erstmals im frühen 18. Jahrhundert in Mode. Heute gibt es Naturfaserbeläge aus Kokos, Sisal, Jute, Schilf und Seegras sowie Sisal-Wolle-Mischungen. Wenngleich jede Faser ihren eigenen Charme und charakteristische Eigenschaften besitzt, sind allen eine interessante Textur und – zumindest in unbehandeltem Zustand – sanfte Gartenfarben gemein, von Biskuitbeige bis zu einem dunklen grünlichen Braun. Sämtliche Materialien zählen zu den nachwachsenden Rohstoffen und sind biologisch abbaubar. Kokosfasern sind derart rau und hart, dass sie monatelang im Wasser von Lagunen eingeweicht werden müssen, um geschmeidig genug für die Weiterverarbeitung zu werden; Sisal stammt aus den Blattfasern subtropischer Agaven; Seegras wird auf Reisfeldern angebaut, und als Jute bezeichnet man die Bastfasern tropischer Kräuter oder Halbsträucher.

Die Webmuster reichen von Bouclé über Korb- und Fischgrat- bis hin zu fein gearbeiteten Dessins, unterschiedliche Farbnuancen können die grafische Qualität unterstreichen. Sisal gibt es in einer umfangreichen Farbpalette. Seegras hingegen ist wasserabweisend und daher nicht färbbar. Was den Komfort angeht, ist Jute am weichsten, aber auch am wenigsten haltbar und sollte nur in Räumen eingesetzt werden, wo der Boden nicht sonderlich strapaziert wird. Kokos und Seegras sind wesentlich robuster, für Treppen jedoch nicht geeignet. Pflegeleicht und schmutzabweisend ist nur Seegras; alle anderen Naturfasern werden auch nach dem Imprägnieren leicht fleckig.

Naturfaserbeläge werden als unaufdringlicher Untergrund geschätzt, der im Gegensatz zu Teppichboden niemals ausdruckslos oder nichtssagend wirkt. In sparsam möblierten fernöstlichen Interieurs bilden Tatami-Matten den üblichen Bodenbelag (ihre Standardgröße gilt sogar als Grundflächenmaßeinheit für japanische Wohnräume und -gebäude). Um diesen Eindruck zu unterstreichen, kann man die Ränder mit dunkel gebeiztem Holz oder Juteband absetzen.

Die Einführung von latexbeschichteten Naturfaser-»Teppichböden« hat zwar diese Materialien erst bekannt gemacht, doch sie bleiben alle weiterhin in Form von Matten erhältlich, die authentischer sind und »exotischer« wirken.

Sisal lässt sich von allen Naturfasern am besten färben und ist daher in einer Vielzahl dekorativer Farben und Muster erhältlich. In diesem Flur sorgt das maurisch inspirierte Design des Bodenbelags, ergänzt durch große Grünpflanzen, für exotisches Ambiente.

Teppiche

Wenn es um Fußböden geht, sind Teppiche die Quintessenz des modernen Ethno-Stils. Die satten Farben und kunstvollen Muster handgewebter und -geknüpfter Teppiche aus dem Nahen, Mittleren und Fernen Osten zählen seit jeher zu den Grundelementen distinguierter Wohnkultur. Mittlerweile ist das Spektrum noch breiter geworden und umfasst auch die leuchtenden, ausdrucksstarken Dekors Lateinamerikas und Afrikas.

In moderne Interieurs bringen Teppiche wohnlichen Komfort. Sie brechen harte Linien und werden durch die gelungene Kombination von intensiven Farben mit traditionellen oder primitiven Mustern zum edlen Blickfang. Ein schöner Teppich kann Farb- und Dekorationsschemata vorgeben und damit die

Oben: Nach echter Nomadenart fungieren Orientteppiche hier gleichzeitig als Wandschmuck und Vorhang. Zarte Musselinschabracken trennen den überwölbten Korridor vom eigentlichen Schlafraum und verleihen dem gesamten Ambiente etwas Zeitloses.

Links: Die harten Linien und rechten Winkel im Londoner Wohnzimmer des Designers Spencer Fung werden von der Mustervielfalt eines Perserteppichs aufgefangen, der behagliche Wärme und Farbe ins Spiel bringt.

Gegenüber: Teppiche dienen häufig dazu, harte Böden »aufzulockern« und Sitzgruppen zu definieren.

Ausstattung des ganzen Raum inspirieren. Geknüpfte Teppiche werden im Nahen und Mittleren Osten seit etwa 1000 v. Chr. gefertigt. Seit Beginn der Handelsbeziehungen zwischen Orient und Okzident erfreuten sich Teppiche in Europa großer Beliebtheit, wurden allerdings ursprünglich nicht als Bodenbelag, sondern als Wandbehang oder Tischschmuck verwendet.

Im 16. bis 18. Jahrhundert entwickelte sich das Teppichknüpfen in Persien zu einer regelrechten Kunstform. Es entstanden Meisterwerke mit leuchtenden Farben und detaillreichen, häufig symbolischen Mustern und Motiven (etwa stilisierte Darstellungen des Lebensbaums oder des Garten Eden). Die feinsten und kostbarsten Teppiche wiesen bis zu 1000 Knoten pro Quadratzoll auf. Auch chinesische Teppiche, die edelsten aus Seide, werden seit langem geschätzt. Sie zeichnen sich häufig durch helle, freundliche Farben und reliefartige Muster aus, mit kürzerem Flor um die Motivränder. In aller Regel handgeknüpft, können tibetische Teppiche sehr teuer sein; sie weisen häufig chinesischen Einfluss auf.

Noch Anfang des 20. Jahrhunderts kamen nahezu alle Teppiche aus dem Vorderen Orient. Von Hirtenvölkern gefertigte Nomadenteppiche sollten den Geist von Karawansereien in bürgerliche Wohnungen bringen. Als Familienerbstück hielten kostbare Orientteppiche (und manchmal auch weniger wertvolle Imitate) bald Einzug in jede bessere »gute Stube«. Eine Folge davon ist, dass selbst sehr schöne Teppiche aus dem Orient mittlerweile nicht mehr als »exotisch« angesehen werden.

Allerdings hat sich der Geschmack gewandelt, und heute gibt man vielfach primitiveren Formen den Vorzug. In diese Kategorie fallen Webteppiche wie Kelims und Dhurries. Dhurries sind handgearbeitete Baumwollteppiche aus Indien, während Kelims von Nomadenstämmen im Mittleren Osten und Nordafrika gewöhnlich aus Wolle gewebt werden. In beiden Fällen findet ein lebhafter kultureller Austausch zwischen einheimischen Webern und Importeuren statt: Vielfach geben die Großhändler Designs und Farben vor, die auf den Geschmack der westlichen Endabnehmer abgestimmt sind. Dies hat einige Male bereits zur Wiederbelebung traditioneller Handwerkstechniken und der neuerlichen Verwendung wunderschöner Naturfarben geführt.

Auch indianische und lateinamerikanische Textilien zeichnen sich durch intensive Farben und schlichte Muster aus. Serapes sind dünne Webteppiche oder Decken aus Mexiko, die typischerweise in frischen Regenbogentönen leuchten, während bei Navajo- und Puebloteppichen kräftige Farbkontraste von Rot, Schwarz und Cremeweiß dominieren.

In diesem sichtlich mexikanisch inspirierten Zimmer ist Farbe das prägende Gestaltungselement. Auch den schmucklosen Steinboden zieren bunte Textilien, darunter ein Webteppich in frischen Regenbogentönen, der noch mehr Farbe in den Raum bringt.

BEMALTER ZEMENTBODEN

Diese lebhaften Töne – Meergrün, Safirblau und ein sattes Gelb – vermitteln karibisches Flair und lenken die Aufmerksamkeit weg von der Textur hin zur Farbe. Ein bemalter Zementboden bzw. Estrich ist ebenso stimmungsaufhellend wie praktisch. Mit mehreren Schichten Fußbodenbeschichtung (Klarlack) versiegelt, ist er zudem wasserfest und widerstandsfähig.

Vor Beginn der Malerarbeiten muss der Boden plan sein. Ist die Oberfläche rau oder uneben, lassen Sie ihn von einem Fachmann glätten und tragen dann eine Schicht Grundierung auf, damit die Farbe bester haftet. Die hier beschriebene Maltechnik eignet sich auch für Holzböden (zuvor mit Sandpapier abschleifen!).

Wenn Sie direkt auf den Boden malen, decken Sie Fußleisten und Türschwellen mit Kreppband ab. Dieses Design wurde freihändig gezeichnet; Sie können natürlich auch mit Schablonen arbeiten (siehe S. 40 f. und 114 f.) oder mit Kreppband ein Muster abkleben.

MATERIAL UND WERKZEUG

Zementboden-Grundierung, mattweiße Acrylgrundierung, weicher Bleistift, Lineal und Maßband, Acrylfarbe in 3 lebhaften Farben plus Weiß, breiter Malerpinsel (Flächenstreicher), 4 cm breiter Malerpinsel, 12 mm breiter Pinsel für Details, klarer Fußbodenlack auf Wasserbasis.

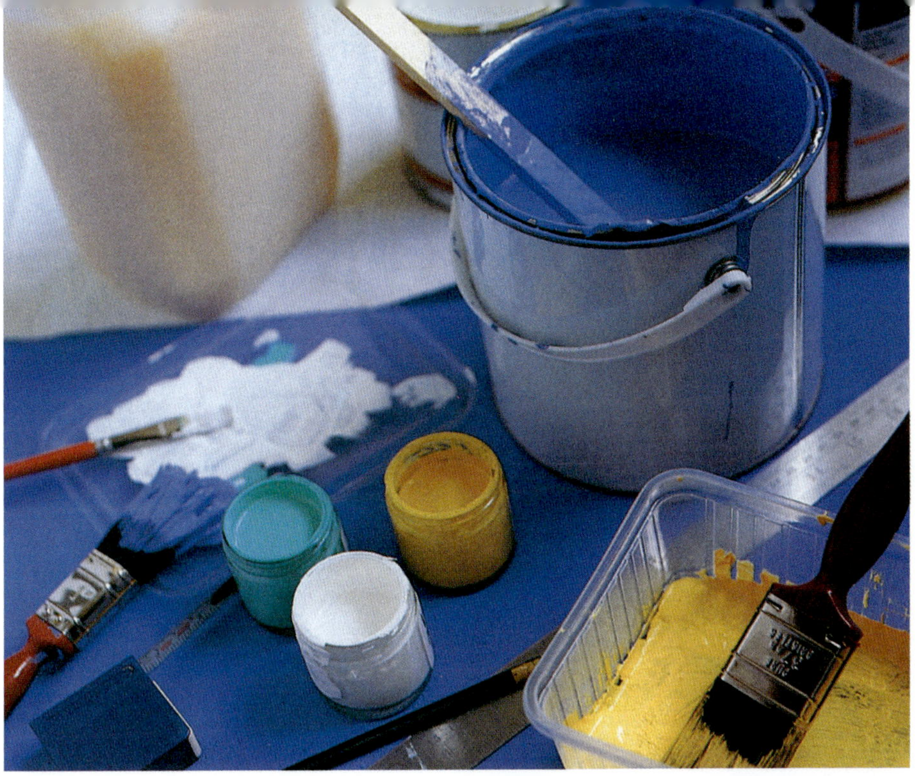

ARBEITSSCHRITTE

Vor Arbeitsbeginn den Boden ausmessen, auf Papier ein Muster entwerfen und die Farben auswählen – 2 oder 3 Töne wirken plakativer als ein buntes Durcheinander. Falls nötig, den Boden glatt schleifen lassen. Dann gemäß Anleitung grundieren.

❶ Mit einem Flächenstreicher die gesamte Fläche mattweiß grundieren. Zuvor im Verhältnis 2 Teile Farbe auf 1 Teil Wasser verdünnen.

❷ Mit einem weichen Bleistift, Lineal und Maßband das Muster sorgfältig auf den Boden übertragen.

❸ Das Muster in den Acrylfarben ausmalen. Mit der Hauptfarbe – hier ist es Blau – und einem 6,5 cm breiten Pinsel beginnen.

❹ Für die kleineren Details schmälere Pinsel verwenden. Jede Farbschicht vor dem nächsten Auftrag gut durchtrocknen lassen und dabei nie mit mehr als einer Farbe gleichzeitig arbeiten. Zuletzt das Ganze mit 2 bis 3 Schichten klarem Fußbodenlack (auf Wasserbasis) versiegeln. Die erste Schicht soll man mindestens 24 Stunden trocknen lassen; bei den folgenden geht es etwas schneller.

SCHIEFER-KERAMIK-BODEN

Die Verbindung von kühlgrauem Schiefer, leuchtend blauen Keramikfliesen und weißen Kieselsteinen ergibt eine wohlproportionierte Mischung aus nordafrikanischem Flair und moderner Schlichtheit.

Der Untergrund muss völlig eben sein. Bei Zementböden kann Abschleifen und/oder Spachteln nötig sein. Danach werden Sperrholzplatten ausgelegt, auf denen sich problemloser arbeiten lässt. Uneben gewordene Holzdielen können Sie auf dieselbe Weise abdecken.

Bevor Sie das Material kaufen, sollten Sie den Boden ausmessen und das Dekor festlegen, damit Sie wissen, welche Mengen Sie genau benötigen. Kleine Keramikfliesen gibt es häufig bereits als Vliese, die Sie einfach in der gewünschten Größe zurechtschneiden können.

Zwar ist es möglich, Fliesen, Steine und Platten nahezu plan zu verlegen, so dass wenig Stolpergefahr besteht; dennoch empfiehlt sich dieses Projekt eher für Räume, die nicht regelmäßig von Kindern oder Senioren betreten werden.

MATERIAL UND WERKZEUG

Sperrholz (entsprechend der Raumgröße ausgemessen und fertig zugeschnitten), Stahllineal, Bleistift, graue Schieferplatten (15 x 15 cm), kleine Keramikfliesen, vorgeschnittene Sperrholzquadrate, Fliesenkleber, Spachtel, kleine weiße Kieselsteine, Fugenzement.

ARBEITSSCHRITTE

Als erstes den Boden mit Sperrholzplatten abdecken.

❶ Mit Stahllineal und Bleistift das Karomuster auf dem Sperrholz anzeichnen. Dabei bereits die Schieferplatten auslegen, um einen Eindruck vom Dekor zu gewinnen. (In diesem Stadium sind noch Änderungen möglich.)

❷ Mit dem Spachtel in den großen Quadraten Fliesenkleber auftragen und die Schieferplatten fixieren.

❸ Da die Schieferplatten dicker sind als die Keramikfliesen, müssen letztere mit passenden Sperrholzquadraten unterlegt werden, damit sie dieselbe Höhe erreichen. Die Fliesen in jeweils Viererquadrate teilen. Auf jedes Quadrat 4 Tupfer Fliesenkleber geben und fest auf ein passendes Sperrholzquadrat pressen.

Danach die Sperrholz/Fliesen-Quadrate auf den Boden kleben.

❹ Fugenzement in die noch freien Zwischenräume geben und vorsichtig mit weißen Kieselsteinen füllen. Die Steine sachte eindrücken, damit so wenig Zement wie möglich nach oben quillt. 24 Stunden trocknen lassen. Zuletzt die Kieselreihen mit einer Schicht Acryllack versiegeln.

FENSTER & TÜREN

Fenster & Türen

Unabhängig von kulturellem Kontext und Architekturstil kommt den Öffnungen eines Hauses stets besondere Bedeutung zu. Fenster und Türen, an denen sozusagen der Austausch zwischen Drinnen und Draußen stattfindet, sind in praktischer wie psychologischer Hinsicht gleichermaßen wichtig. Sie ermöglichen Bewegung und lassen Licht und Luft herein, umrahmen und definieren aber zugleich auch die Beziehung zwischen Innenraum und Außenwelt und sind somit sowohl im buchstäblichen als auch im übertragenen Sinne Orte des Übergangs.

Viele Kulturen schenken der Dekoration von Fenstern und Türen spezielle Aufmerksamkeit. Farblich akzentuiert oder mit kunstvollen Gittern geschmückt, bilden sie häufig einen interessanten Blickfang. Gerade in Ländern, in denen Frauen traditionell von der Gesellschaft ausgeschlossen sind und kaum jemals das Haus verlassen, erhalten solche Verzierungen einen wehmütigen Beiklang, lenken sie das Augenmerk doch verstärkt auf die verbotene Freiheit. Wie die umschlossenen Balkone Nordafrikas

Ein senfgelber Vorhang aus schwerer Baumwolle weht unter dieser prächtig verzierten Türöffnung und lässt eine kühle Brise ins Innere streichen.

Rechts: Filigranes Gitterwerk wirft in der verlassenen indischen Stadt Fatepur Sikri faszinierende Schattenmuster. Die unterschiedlichen Dekors der Paneele harmonieren aufs Schönste.

Unten: In Haiti gehören leuchtende Farben einfach dazu. Hier ergänzen sich Zinnoberrot und Meergrün zu einem heiteren Kontrast.

und die in Südamerika üblichen Altane oder Söller zeigen, kann solche Verzierung dazu dienen, Frauen den Ausblick zu ermöglichen, ohne selbst gesehen zu werden. Natürlich spielt das Klima bei der traditionellen Gestaltung von Fenstern und Türen eine vorrangige Rolle. In nördlichen Breitengraden sollten schwere Behänge im Winter Wärmeverluste verringern. Im Sommer, wenn die Frischluft willkommener war, ersetzte man sie durch dünnere Stoffe. Bei der landestypischen Architektur wärmerer Regionen ging es hingegen primär darum, die Räume vor Sonneneinstrahlung zu schützen. Kleine, mit Läden bestückte Fensteröffnungen sorgen hier dafür, dass das intensive Licht draußen bleibt, während eine kühle Brise ungehindert in den Raum gelangen kann.

In modernen, zentralbeheizten bzw. klimatisierten Häusern nutzt man natürliches Licht dazu, einen Raum größer wirken zu lassen. Hinzu kommt der Ausblick als lebendige Verbindung zur Natur. In diesem Kontext gewinnen »exotische« Fenster- und Türdekorationen zunehmend an Beliebtheit. Transparente Stoffschals, Rollos und Jalousetten sowie dekorative Türumrahmungen betonen den Stellenwert dieser wichtigen architektonischen Elemente.

Oben: Auch ohne weitere Verzierung besitzt dieses hohe, schmale Fenster immense Suggestivkraft. Um dem Raum mehr Helligkeit zu geben, wurden rechts und links davon je zwei schlichte Strahler montiert.

Rechts: Mit Ziergittern geschmückte Laternen spenden warmes Licht und werfen geheimnisvolle Schatten auf Boden und Wände.

AUSBLICKE EINRAHMEN

Der freie Blick durch Innenräume sowie von drinnen auf die Außenwelt vermittelt ein Gefühl von Weitläufigkeit – ein Aspekt, der in der zeitgenössischen Architektur überaus geschätzt wird. Der Blick nach draußen kann die bedrückende Enge des Lebens in einer modernen Großstadt mildern. Er trägt dazu bei, Perspektiven zu schaffen, und gibt uns das Gefühl, mehr Luft zum Atmen zu haben. Allerdings kann die Auffassung von »Aussicht« von Kultur zu Kultur stark differieren, was auch die jeweilige Fenster- und Türdekoration beeinflusst.

In vielen Teilen der Welt bleibt der Blick stets nach innen gerichtet, durch eine Folge aneinander gereihter Räume oder in einen Innenhof, während die Aussicht auf belebte Straßen und Plätze – häufig mittels filigraner Vergitterung – stark eingeschränkt wird. Dies gilt vor allem für den Islam, der Frauen traditionell vom öffentlichen Leben ausschließt. In Japan dagegen ist »Aussicht« vom Konzept des Zen durchdrungen. Opake Tür- und Fensteröffnungen schaffen eine kontemplative Ästhetik des Innenraums, wobei winzige Eindrücke der Außenwelt weitläufige Panoramen ersetzen. Eine solche Minimierung des Effekts, die das gesamte traditionell-japanische Design durchdringt, soll durch Eingrenzen des Gezeigten die ästhetische Wahrnehmung steigern.

Ganz anders ist der Zugang in der modernen australischen Baukunst, wo viele Architekten den Elementarcharakter der umliegenden Landschaft aufzugreifen suchen und, sofern witterungsbedingt möglich, völlig auf Tür- und Fensterverkleidungen verzichten. Eine solche Offenheit reduziert das Haus quasi auf ein primitives Schutzdach – vergleichbar mit den traditionellen südostasiatischen Hütten – und macht jede Diskussion über den »Ausblick« überflüssig, da die Grenzen zwischen Drinnen und Draußen verschwimmen bzw. sich auflösen.

Bei vielen fremdländischen Behausungen hält sich die Architektur bewusst mit Details zurück, was viel Freiraum für Dekoration lässt. Im einfachsten Fall erfolgt diese durch Betonung von Türen, Fenstern und Alkoven, also Stellen, an denen die Wandflächen von Natur aus unterbrochen sind. Hier wird die Parallele zum gerahmten Bild deutlich: Beide Male geht es darum, etwas Sehenswertes zusätzlich hervorzuheben. Auch im zeitgenössischen Design ist Minimalismus Trumpf, weshalb Fenster so unverziert wie möglich bleiben und Türen als schmucklose Felder weitestgehend mit der Wand verschmelzen. Die Kunst des modernen Ethno-Styles besteht nun darin, das goldene Mittelmaß zwischen Schlichtheit und Dekoeffekten zu finden. Zu viel Verzierung, und das Ergebnis ist ein trivialer Mischmasch; zu we-

Oben: Bisweilen avancieren Fenster zu einem gestaltenden Element des Raums. Diese zum Teil zugemauerte Öffnung wird optisch durch einige schmale Betonstufen aufgewogen, die es zugleich ermöglichen, das Fenster auch als Tür zu benutzen.

Links: Innenhöfe und Patios können, das richtige Klima vorausgesetzt, zu einladenden Freiluftwohnräumen werden. Dank der wohl überlegt platzierten Kübelpflanzen wirkt dieser schattige Hinterhof wie ein Wohnzimmer unter freiem Himmel. Sowohl die Sofas als auch der Couchtisch stehen auf Bambusbeinen, die die Grenzen zwischen Drinnen und Draußen noch weiter verwischen.

nig, und die ganze Mühe war umsonst. Die Lösung sind kräftige, ausgefallene Statements mit Farbe als Grundlage des Gesamtkonzepts.

Nichts vermag ähnlich plakative Akzente zu setzen wie Farbe. Auffallende Umrandungen in knalligen Tönen bilden lebhafte Rahmen für den Ausblick durch Fenster und Türen und verleihen einem Raum verblüffende Theatralik. Rapporte mit Tupfen-, Streifen- oder Zickzackmustern vermitteln einen ausgeprägt primitiven Look. Alternativ können Sie ein Fenster oder eine Tür mit weißen Schablonenmotiven auf terrakottarotem Grund umrahmen. Voll zur Geltung kommt eine derartige Dekoration aber nur, wenn die betreffende Öffnung nicht verdeckt ist – offene Torbogen etwa oder Fenster, die keine Vorhänge oder Läden brauchen.

In ähnlicher Weise funktionieren Randdekore mit Applikationen: Perlen, Spiegelmosaik, Kieselsteine – erlaubt ist alles, was Farbe und/oder Glanz auf eine Oberfläche zaubert. Die einzelnen Dekoelemente können entweder in den feuchten Putz gedrückt oder direkt auf die Wand geklebt werden.

Für einen besonders plastischen Look können Sie Fenster- oder Türsturz mit geschnitzten Paneelen verkleiden. Diese Methode eignet sich besonders für großrahmige Öffnungen, etwa offene Torbogen, und sollte mit ansonsten eher schmucklos-schlichten Interieurs kombi-

niert werden. Schabracken sind eine weitere Möglichkeit, Fenster- und Türöffnungen zu betonen. Knapp unter der Decke angebracht, lassen sie den Raum höher erscheinen. Fixiert man sie weiter unten, können sie überdimensionierte Fenster und Türen auf ein freundlicheres Maß reduzieren. Gewöhnliche Schabracken sind kastenförmige Sperrholz- oder Spanplatten, die entweder mit Stoff bespannt oder farbig gestrichen sind. Exotischer wirken da schon bogenförmig durchhängend drapierte Stoffbahnen. Alternativ können Sie Schabracken nach eigenen Entwürfen anfertigen – beispielsweise einen maurischen Bogen – indem Sie eine Sperrholzplatte entsprechend aussägen und bemalen. Auch Schabracken aus gestanztem Zink sind ein spektakulärer Blickfang. Allerdings brauchen solche Dekoeffekte viel Platz zum Atmen, um den ethnischen Touch nicht zu übertreiben und den übrigen Raum nicht zu erdrücken.

Links: Fensterläden sind in warmen und sonnenreichen Regionen ebenso wichtig wie Fenster selbst. In diesem mediterranen Schlafzimmer wurden die Läden in die Balkontür integriert, was zudem Platz spart. Pastelliges Türkis und Rosa vermitteln den Eindruck, der Strand sei nicht weit.

Gegenüber: Neben einer offenen Tür und unter einem Oberlicht zu baden, ist fast wie Baden in freier Natur. Ein großer Spiegel neben der Wanne ermöglicht es, während eines entspannenden Vollbads die Aussicht zu genießen.

DAS LICHT FILTERN

Auch in Bezug auf Licht unterscheiden sich die Kulturen. In tropischen und subtropischen Ländern bedeutet Licht Hitze, und Innenräume sind der einzige Ort, der Schutz vor den oft unerträglichen Temperaturen bietet. Um die Häuser kühl zu halten, werden Fenster häufig mit einer Art Gitterwerk oder Verdunkelung versehen. Im modernen westlichen Interieur hingegen ist weniger stets mehr. Wenn irgend möglich, lässt man die Fensteröffnungen frei, damit so viel Licht als möglich einfließt. Bietet sich eine schöne Aussicht, gilt dies umso mehr. Allerdings gibt es auch Zeiten, zu denen selbst der glühendste Verfechter des Minimalismus ein bisschen Privatsphäre braucht.

Überraschenderweise lassen sich beide Gestaltungskonzepte gut vereinbaren: Lamellenjalousien und andere »exotische« Verdunkelungsvorrichtungen fügen sich perfekt in viele moderne Interieurs. Auch Vorhänge, die das Licht nur filtern, ergänzen die zeitgenössische Innendekoration. In jedem Fall reicht ein Hauch von Exotik. Und machen Sie sich keine Gedanken über Authentizität, die bleibt schon aufgrund anderer Lichtverhältnisse ein Ding der Unmöglichkeit.

Der Stil, den Sie für die Dekoration Ihrer Fenster wählen, kann für Ausgewogenheit in einem modernen Ambiente sorgen. Zwar wird für Fensterdekorationen fast immer Stoff verwendet, doch besteht in einem Raum, der Teppiche und andere Textilien enthält, die Gefahr, den modernen Charakter zu verlieren. In einem solchen Ambiente können »härtere« Fensterverkleidungen wie Läden oder Lamellenjalousien reizvolle Kontraste setzen. Andererseits besitzen auch zarte Materialien, die den Lichteinfall nur dämpfen, etwas Ätherisches, das der Strenge moderner Linienführung entgegenwirkt.

Oben: Diese maurische Variante eines traditionellen Luftziegels dient gleichzeitig als diskretes Fenster und dekorativ gemusterter Lichtfilter.

Links: Geprägte, bedruckte und gefärbte Musselins sind ideal zum Kaschieren unschöner Fensteröffnungen. Zudem filtern sie das Licht und gewähren Blickschutz.

Gegenüber: Welten vom Gewohnten und Gewöhnlichen entfernt, präsentieren sich diese modernen schlüsselloch-förmigen Buntglasfenster als grafische Lichtfelder.

Dekorieren mit Stoff

Wenn es um Vorhangstoffe geht, wird die Wahl buchstäblich zur Qual. Das Spektrum an Materialien, Kunst- wie Naturfasern, ist riesig, wobei handgewebten und -gefärbten Stoffen in aller Regel der Vorrang zu geben ist. Auch Einkaufsquellen gibt es viele – von Kaufhäusern bis hin zu Straßenmärkten; ausgefallenere und besonders schöne Stoffe findet man freilich vor allem im Fachhandel. Zudem besteht kein Grund, sich auf spezielle Vorhangstoffe zu beschränken; Kleiderstoffe können am Fenster mindestens ebenso dekorativ wirken.

Leinen, eine besonders strapazierfähige und traditionsreiche Naturfaser, verdankt seine Popularität dezenter Zeitlosigkeit und interessanter Webstruktur. In Reinweiß, Cremeweiß, in Tomatenrot, Grün oder Aubergine braucht es keine weitere Verschönerung. Wegen seiner Schwere eignet sich Leinen besonders für schlichte Dekorationskonzepte, wenn es locker und weich fallen kann.

Weniger robust, aber wesentlich preiswerter, sind grobe Baumwollgewebe, die man in allen erdenklichen Farben erhält. Ebenfalls aus Baumwolle bestehen das steifere Segeltuch, Sackleinen und Kattun (schwerer Musselin).

Der wohl kostbarste Stoff ist Seide, die, zumal in üppigen Stoffschwaden, vornehmes Understatement und luxuriöses Wohngefühl verbindet. Mit Na-

turfarben gefärbte Wildseide besticht durch aparte Struktur und effektvoll unregelmäßige Webart, während schillender Seidentaft schieren Luxus atmet.

Zarter wirken feinfädiger Voile, Musselin oder Chiffon, den jeder Luftzug zauberhaft aufwehen lässt. Duftig zarter Musselin ist der leichteste Baumwollstoff und für jeden Geldbeutel erschwinglich.

Für ein rustikales Ambiente, in dem der elementare Kontrast zwischen Textur und Material betont werden soll, bieten sich grobes Sackleinen und Jutestoffe an. Beide gibt es mittlerweile in vielen attraktiven Farben. Und wer es ganz ursprünglich mag, kann die Kanten ungesäumt lassen und ausfransen.

Muster sollten eher abstrakt als gegenständlich sein, und traditionelle Mo-

Oben rechts: Im Sommer reicht zarter, lichtdurchlässiger Musselin zum Schutz der Privatsphäre. Im Winter werden einfach dickere Vorhänge dazugehängt.

Oben links: Breite Bahnen schweren Sackleinens ersetzen hier die Tür und fangen die strenge Linienführung von Wänden und Treppe ab.

Gegenüber: In diesem Stilmix aus Klassizismus und Moderne liefern eine zierlich geschwungene Chaiselongue, schwere Brokatvorhänge und ein Glastisch den Beweis, dass auch ausgefallene Kombinationen durchaus ein harmonisches Ganzes bilden können.

Oben: Ein Portikus ziert diesen holzvertäfelten Raum. Er wird von einem halbtransparenten Musselinvorhang abgeschlossen, dessen zeitgenössisches Dessin ethnisches Flair ins Spiel bringt. In Verbindung mit dem Fächerdekor ergibt sich so eine ausdrucksstarke Wandgestaltung.

Gegenüber: Eine kunstvoll bestickte Schabracke in Torbogenform lässt ein gewöhnliches Fenster zum kostbaren Blickfang werden. Die duftig zarten Musselin-Stores bereichern den ansonsten sparsam ausgestatteten Raum um ein Element der Verspieltheit.

tive wirken leicht bieder. Dies schließt die Studentenwohnheim-Lösung (zwei indische Bettüberwürfe als Vorhänge) ebenso aus wie alle zu offensichtlich ethnisch inspirierten Dessins, beispielsweise Paisley. Animalprints wie Zebra- oder Wildkatzendrucke andererseits sind witzig, und Ton-in-Ton-Dessins, gleichgültig ob aufgestickt oder gefärbt, machen sich immer gut. Cremeweiße Wolle oder Crewelstickerei auf cremeweißem Grund kann sich stilvoll in schlichte Dekorationskonzepte einfügen, während etwa Ikat und geometrische Blockmuster kräftige grafische Akzente setzen. Indische Saristoffe mit eingewebten schimmernden Metallfäden zaubern im Handumdrehen einen exotischen Schick: einfach aufhängen und in üppigen Falten voll zur Geltung kommen lassen.

Weitere dekorative Möglichkeiten ergeben sich durch Färben. Experimentieren Sie mit kontrastierenden knalligen Tönen, und hängen Sie Stoffbahnen in Scharlachrot und Purpur, Blau und Grün, Safrangelb und Orange nebeneinander, so dass das Licht die Farben mischt. Auch Batikfarben besitzen ein reizvolles Charisma, solange Sie sich auf ein oder zwei Töne beschränken und psychedelische Exzesse meiden. Eine weitere Technik, ohne großen Aufwand spektakuläre Effekte zu erzielen, besteht darin, leichte Stoffe halb in ein Farbbad zu tauchen und die zweite Hälfte kontrastierend oder harmonierend zu kolorieren, so dass die beiden Töne in der Mitte verlaufen.

Schlichte Vorhangstangen sind für die Aufhängung fast immer die beste Wahl. Im einfachsten Fall wird der Stoff mit Klipsen, Ringen oder Stoffbändern an einer schlanken Chromstange befestigt. Bei leichten Stoffen können Sie dünne Bambusstäbe einsetzen, für schwerere Gewebe eignen sich Stangen aus Schmiedeeisen.

Oben: Schlichte Holzjalousien passen zu nahezu jedem Einrichtungsstil – ob japanischer Minimalismus oder moderner Ethno-Look. Ebenso funktionell wie dezent, lassen sie stets die Architektur für sich selbst sprechen.

Rechts: Das Bambusrollo mit seinem typisch exotischen Charme kommt nie aus der Mode. Es ist preiswert, praktisch und schön – der ultimative Lichtschutz.

Gegenüber: Lamellenläden mit ausklappbaren Teilen, die die Luft besser zirkulieren lassen, sind perfekt für südliche Klimazonen. In diesem Raum lockern leichte Stoffvorhänge die strengen Linien und schaffen eine behagliche Atmosphäre.

LÄDEN UND JALOUSIEN

Jalousien sind ausgesprochen praktisch und vielseitig und kombinieren die klare Linienführung des modernen Wohnstils mit dem Temperament südlicher Länder.

Einfache Rollos aus groben, festen Stoffen verleihen Fenstern deutlich ethnischen Charakter. Schilfrollos sind billig und außer in dem dezent-gefälligen Naturbraun auch in einem breiten Spektrum von Farben erhältlich. Jalousetten, das puristische zeitgenössische Gegenstück dazu, wirken weniger streng, wenn sie aus Naturholz bestehen. Halb geöffnet, so dass schmale Lichtstreifen in den Raum fallen, sorgen sie sofort für Atmosphäre.

Lamellenläden besitzen ebenfalls einen gewissen »ethnischen« Touch. In vielen Teilen der Welt ersetzen sie die Fenster sogar völlig und fungieren gleichzeitig als Diebstahlschutz und Verdunkelung. Mit durchscheinendem Reispapier bespannte Klapp- oder Faltläden vermitteln den Eindruck östlicher Strenge, während kunstvoll geschnitzte Holzläden oder am Fensterrahmen fixierte Gitter aus Schmiedeeisen das Licht ähnlich wie Spitzenvorhänge filtern und stimmungsvolle Muster aus Licht und Schatten schaffen. Gewöhnliche Lamellenläden erhalten mit einem Anstrich in Pastelltönen karibische Prägung. Und wer keine Angst vor ethnischem Culture-Mix hat, kann dazu Perlschnurvorhänge aus Kunststoff montieren.

Dekorative Türen

Auch hier ist Farbe der direkte Weg zum Ethno-Look. Knallige Töne wie Fuchsiarot, Ultramarin, Kanariengelb oder Türkis können gewöhnliche Normtüren in frappante Eingänge verwandeln. Bei unterteilten Türen bietet es sich an, die Türfelder in kontrastierenden poppigen Farben zu lackieren, während moderne, glatte Türen durch einen Metallicanstrich in Gold oder Silber zu völlig neuem Eigenleben erwachen. Auch glänzendes Ebenholzschwarz bildet ein schickes Finish, das gerade in Verbindung mit Erdfarben grafische Akzente setzt.

Nicht vernachlässigt werden darf die Textur: In modernen Interieurs kann der Kontrast zwischen spiegelglatten Oberflächen und grob-rustikalen Naturholztüren überaus interessant wirken. Entfernen Sie einfach alle alten Lack- und Farbschichten und hellen Sie das Holz anschließend durch Bleichen oder Weißlasieren auf. Wer einen verwitterten Look mag, kann die Maserung durch Einreiben mit weißer Farbe betonen. Mit Eisennägeln beschlagene Türen erscheinen massiver; einfache Polsternägel mit breiten Köpfen sind am wirkungsvollsten. Alternativ besteht natürlich auch die Möglichkeit, Pailletten, Sternchen oder Spiegelmosaiksteinchen als Verzierung einzusetzen.

Da in warmen Regionen jeder Lufthauch willkommen ist, findet man im Süden häufig Lamellen- oder Gittertüren. Um die Ästhetik des Südens vollends einzufangen, hängen Sie einfach alle Innentüren aus und ersetzen sie durch eine der zuvor genannten Lösungen. Doppeltüren lassen sich leicht mit Hilfe von Vorhängen verwandeln: Weich fließende Schals lichtdurchlässiger Gewebe eignen sich ebenso wie schwerere Stoffe, die allerdings zusammengerafft und seitlich fixiert werden sollten. Perlschnurvorhänge bringen Farbe in den Raum und klappern und rascheln leise, wenn man darunter durchgeht. Eine billige Alternative sind Vorhänge aus Plastikstreifen.

Wollen Sie noch einen Schritt weiter gehen, können Sie massive Innentüren durch zweiflügelige Lamellenläden oder Gitter ersetzen. In hellen Pastelltönen lackierte Lamellentüren holen kolonialen Charme ins Zimmer, kunstvolle Schmiedeeisenarbeiten wirken dagegen eher maurisch. Zum elegant minimalistischem Interieur bieten sich japanisch inspirierte Schiebetüren (Fusuma) an, deren Felder mit transparentem Reispapier bespannt sind oder aus dünnen mattierten Plexiglasscheiben bestehen. Weniger aufwendig, aber ebenfalls fernöstlichen Ursprungs sind oben am Türstock befestigte Halbvorhänge (Noren).

Türen mit kunstvollen Einsätzen aus hier zu Wellenlinien geformtem Schmiedeeisen sind charakteristisch für Eingänge in Paris und Mailand. Ursprünglich stammt dieses Konzept jedoch aus Nordafrika.

Perlschnurvorhänge sind zarte Raumteiler, die freilich weit häufiger ihres Dekorationswertes wegen eingesetzt werden. Der hier abgebildete besteht aus Kunststoffperlen, aber Federn, Muscheln, Plastikbänder und sogar Metallglieder sind nicht weniger apart.

Perlschnurvorhang

Ein duftiger, durchsichtiger Vorhang ist eine zauberhafte Möglichkeit, zwei Wohnbereiche zu trennen, ohne Lichtfluss und Bewegungsfreiheit merklich einzuschränken. Gleichzeitig setzt er lebhafte Farbakzente. Muss man erst einen Vorhang teilen, um in einen anderen Raum zu gelangen, erhöht dies zudem das Gefühl der Privatsphäre. Dieser bildschöne Perlschnurvorhang, der indianische Ästhetik mit den Farben Zentralamerikas kombiniert, ist mehr als ein rein funktioneller Türersatz und kann als Dekoelement an sich gelten.

Sollten die hier verwendeten Perlen und Federn etwas zu lebhaft für Ihren Geschmack sein, ersetzen Sie sie durch Korken, Kiesel, getrocknete Samenhülsen und Blätter. Eine andere Alternative sind bunte Glasperlen und farblose Plexiglaskugeln oder auch farbiges handgeschöpftes Papier – lassen Sie Ihrer Fantasie freien Lauf: Als Schnur nimmt man Jutestrick, Kordeln, Seile, Segelgarn oder, für manche Objekte durchaus passend, Draht. Für die Vorhangleiste bieten sich passend zugeschnittenes Holz, ein Stück knorriges Treibholz, Plexiglas oder auch Metall an.

Material und Werkzeug

Ein Stück Weichholz 5 x 2,5 cm in der Breite der Türöffnung, Schraubösen (im Abstand von ca. 10 cm setzen), farbige Schnur in Rot, Gelb und Orange (jeweils

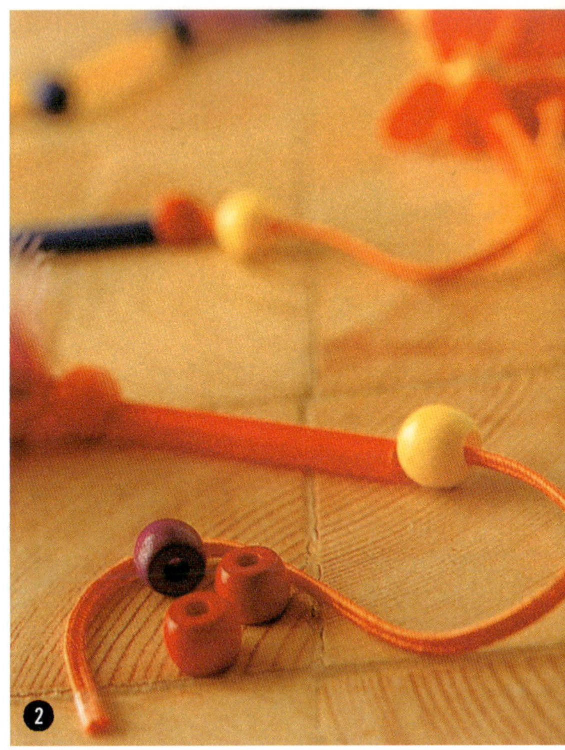

8 m), Nähgarn in entsprechenden Farben, leuchtend gefärbte Federn, Klebeband, Holzperlen in Rot und Rosa (je 20 Stück), Kunststoffperlen in Orange, Gelb und Blau (je 100 Stück), neonfarbige Plastiktrinkhalme, Vorhanggewichte oder schwere Perlen.

ARBEITSSCHRITTE

Zuerst ein passend zugeschnittenes Stück Weichholz in die Türöffnung schrauben, das als Vorhangleiste dient. Danach werden die Schraubösen in gleichen Abständen in das Holz geschraubt. In unserem Beispiel (die Tür misst 2 m x 75 cm) wurden die Ösen im Abstand von 10 cm gesetzt.

❶ Der Höhe der Tür entsprechend mehrere Stücke Schnur zuschneiden. Immer etwa 7,5 cm für die Befestigung zugeben. Jeweils mehrere Federn mit Garn zusammenbinden.

❷ Am Ende der Schnur eine »Nadel« aus Klebeband anbringen und in willkürlicher Reihenfolge Trinkhalme, Perlen etc. auffädeln. Zwischendurch mit Nähgarn Federbüschel an die Schnur binden, die zugleich als »Stopper« dienen. Zuletzt mit einem Knoten abschließen und darauf achten, dass jeder Strang unterschiedlich endet. Um den Schnüren Spannung zu geben, unten jeweils ein Vorhanggewicht oder eine schwere Perle einknoten.

DEKORATIVE INNENLÄDEN

Halbhohe bemalte, attraktiv gestaltete Läden bringen einen südländischen Touch ins Zimmer. Diese Läden bestehen aus zwei verleimten und zusammengenagelten Spanplatten, die anschließend in fernöstlichen Tönen gestrichen wurden. Mit goldfarbener Wischpaste, die sich ideal zum Setzen dekorativer Akzente eignet, kommt zusätzlich ein Hauch verblassten Glanzes ins Spiel. Spanplatten können Sie sich nach Maß zuschneiden lassen, eine Reihe von Verzierungskanten gibt es meterweise bereits fertig zu kaufen. Die Läden in unserem Beispiel dienen rein der Dekoration. Sollen sie geschlossen werden, müssen Sie beide Seiten dekorieren.

MATERIAL UND WERKZEUG

Für einen Laden brauchen Sie: 1 Grundpaneel (12 mm starke Spanplatte, Maße je nach Fenstergröße halbe Höhe und halbe Breite), Dekokante für die Oberseite des Ladens (ca. 6 mm stark, in der Breite des Grundpaneels), 2 senkrechte Einsatzpaneele (6 mm starke Spanplatte, Größe nach Maß), 2 waagrechte Einsatzpaneele (6 mm starke Spanplatte, Größe nach Maß), Verzierungsleisten (ca. 6 mm stark, als Abschluss der senkrechten und waagrechten Paneele), Feinsäge, Bleistift, Lineal, Zeichendreieck, Plakatfarbe in Braun, Rosa und Beige, weicher Lappen, goldfarbene Wischpaste auf Wachsbasis, Holzleim, Hammer, dünne Nägel, Schleifpapier, 4 Scharniere, Schrauben, Bandmaß, 10 cm breiter Pinsel, 12 mm breiter Pinsel, Wattebausche, seidenmatter Acryllack, weiße Grundierfarbe, Pinsel.

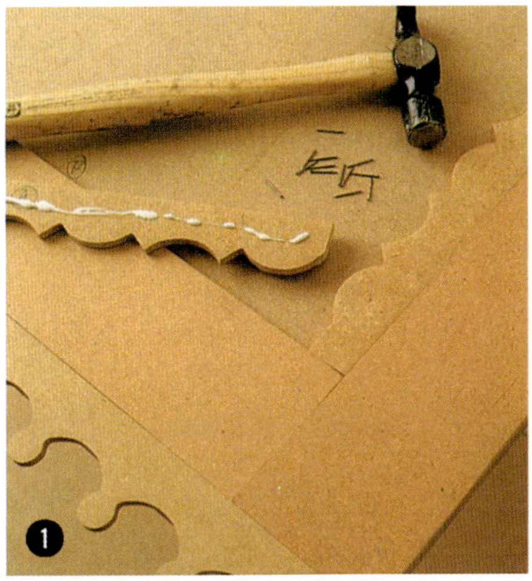

ARBEITSSCHRITTE

Jeder Laden besteht aus einem Grundpaneel aus Spanfaserplatte in der halben Breite der Fensteröffnung. Die Oberkante wird mit einer Schmuckleiste versehen, das Innenfeld zieren schlichte Einsatzpaneele und attraktive Dekokanten.

❶ Paneele und Zierleisten zuschneiden. Auf der Grundplatte mit Bleistift und Lineal die Position der Leisten anzeichnen, die den oberen Abschluss bilden bzw. an die senkrechten und waagrechten Einsatzpaneele anschließen.

Den oberen Dekostreifen mit Holzleim einige Millimeter überstehend an die Oberkante der Grundplatte kleben. Zur Fixierung von der Rückseite einige Nägel einschlagen. Trocknen lassen, dann senkrechte und waagrechte Einsatzpaneele aufkleben. Diese ein paar Millimeter größer lassen, um sie mit Schleifpapier exakt auf Maß zu schleifen. Mit dem Zeichendreieck die genaue Positionierung überprüfen. Zuletzt die Dekokanten an die Innenseiten der Einsatzpaneele anlegen, festleimen und mit Nägeln fixieren. Eine Schicht Grundierfarbe auftragen, trocknen lassen.

❷ Den Laden mit weißer Grundierung streichen. Etwas Rosa und Beige mit Braun zu einem verschossenen Rot mischen. Mit einem 10 cm breiten Pinsel die Farbe auftragen, dabei nur die Dekokanten frei lassen. Sofort nach dem Streichen mit einem feuchten, weichen Lappen über die Farbe wischen, damit ein Streifeneffekt entsteht. Auf der Grundplatte neben den Dekokanten einen schmalen Streifen unberührt lassen.

❸ Mit einem 12 mm breiten Pinsel entlang der Zierkanten Goldpaste auftragen; schlechter zugängliche Stellen mit einem Wattebausch behandeln. Das Ganze mit einer oder zwei Schichten seidenmattem Acryllack überziehen. Alle Schritte für den zweiten Ladenflügel wiederholen. An jeden Laden 2 Scharniere schrauben und beide an der Wand befestigen.

Möbel & Accessoires

MÖBEL & ACCESSOIRES

Am Möbeldesign offenbart sich die Einstellung zum Leben. Niemand weiß genau, warum die Welt – grob gesagt – unterteilt ist in Kulturen, die am Boden sitzen, und solche, die von jeher Stühle bevorzugen. Die Annahme liegt nahe, dass das Leben auf dem Fußboden legerer und ungezwungener ist, dennoch gibt es kaum etwas Förmlicheres als traditionelle japanische Rituale und Zeremonien. Genauso wenig kann man bodensitzende Kulturen als erfolgreicher oder fortschrittlicher bezeichnen. Erhöhtes Sitzen, und sei es auf noch so primitiven Bänken oder Hockern, ist im Abendland die Norm – selbst in den ärmsten Bevölkerungsschichten und im finstersten Mittelalter. Möglicherweise spielt das Klima eine Rolle, dürfte aber schwerlich der entscheidende Faktor sein. Allerdings ist nicht zu übersehen, dass sich beide Auffassungen in den letzten Jahrzehnten zusehends angenähert haben.

Seit längerer Zeit ist ein kultureller Austausch zu beobachten, der jedoch bisweilen seltsame Blüten treibt. Mit den britischen Kolonialherren gelangten verschiedene europäische Möbelstücke nach Indien, wo man, abgesehen von Betten, vorher kaum Einrichtungsgegenstände kannte. Bis heute lässt indisches Mobiliar

eine gewisse Ignoranz klassischer Proportionen erkennen, was wenig überrascht, wenn man bedenkt, dass die Menschen dort jahrtausendelang ohne viele Möbel auskamen und daher keine Notwendigkeit bestand, sich mit Design zu befassen. Im ausgehenden 19. Jahrhundert begeisterte sich Europa für alles Japanische; allerdings störte sich niemand an dem Widerspruch, den »japanische« Tische, Stühle etc. darstellten – Stücke, die in einem japanischen Haus ebenso deplatziert gewirkt hätten wie eine Krinoline oder ein Stresemann.

Mit seinem Trend zum Minimalismus, der Konzentration auf elementare, simple Formen und der in vielen Interieurs vorherrschenden Betonung niederer Horizontalen kommt das 20. Jahrhundert der Ästhetik bodensitzender Kulturen – vielleicht unbewusst – wesentlich näher. Viele moderne Architekten und Designer beziehen sich nach wie vor stark auf japanische Wohnkultur, doch spielt sicherlich auch die zeitgenössische Tendenz, sich auf das Wesentliche zu besinnen, mit hinein.

Gegenüber: Seidenkissen in lebhaften, satten Farben liefern ein Gegengewicht zu dem eher ethnisch geprägten Hintergrund.

Rechts: In perfekter Verschmelzung östlicher, westlicher und rustikaler Einflüsse bietet dieser Wohnraum Behaglichkeit und Flair, Tradition und Understatement in einem.

EINRICHTEN

Innerhalb eines vorgegebenen Raums den optimalen Standort für Tische, Stühle und Sofas, Schränke, Truhen und Betten zu finden, ist keine einfache Aufgabe. Es bedeutet, dass man eine Menge Möbel herumrücken muss, und genau genommen braucht man dazu mehr oder weniger dasselbe Talent wie zum Fertigstellen eines komplizierten Puzzlespiels.

Beim zeitgenössischen ethno-exotischen Wohnstil sind die Möbel schlichter und ursprünglicher. Hier geht es weniger um das Kombinieren von Stücken als vielmehr darum, eine harmonische Ausgewogenheit zwischen Raum und Inhalt zu erreichen, so dass sich ein wohl proportioniertes Bild ergibt. Zudem richtet sich der Blick auch nach draußen: Die Aussicht und Freiflächen jenseits der begrenzenden vier Wände werden in das Gesamtkonzept einbezogen.

Die Affinität zum Minimalismus ist augenfällig. Einer der bedeutendsten östlichen Einflüsse war sicherlich der Aufstieg nahezu leerer »Zen«-Räume zum Modehit. Weniger war für moderne Architekten und Designer schon immer mehr, und nun geht der Trend dahin, dass nahezu gar nichts Alles ist. Zwar mögen nur Wenige in einem derart puristischen Rahmen leben, doch hat der Minimalismus als Stilrichtung einen insgesamt deutlich leichteren, weniger überladenen Wohnstil initiiert. Im Vergleich zu den vollgestopften Räumen der Jahrhundertwende sind unsere heutigen Interieurs zweifellos zurückgenommen und damit vielen ethnischen Stilen ähnlicher.

Wie dicht oder sparsam möbliert ein Zimmer werden soll, wirkt sich natürlich auf die Anordnung der Möbel aus. Ein nahezu leerer Raum besitzt eine unleug-

Links: Eine höchst abwechslungsreiche Mischung von Hölzern fügt sich in diesem indonischen Interieur zu einem kühl-einheitlichen Bild.

Unten: Große Sitzkissen und niedrige Möbel sind der Schlüssel für den exotischen Look dieses hohen Altbauzimmers.

Naturholzbalken und dezente Töne machen aus diesem Dachgeschossraum einen friedlichen Ort der Ruhe. Die Badewanne, direkt vor dem Fenster mit Blick ins Freie, wurde in einen Zementsockel eingelassen, das Buchenholzbett ist mit schlichter weißer Baumwollbettwäsche bezogen.

bare Präsenz, die eigene Anforderungen stellt. Selbst wenn ein Raum nur wenige Möbelstücke enthält, gibt es zahlreiche Möglichkeiten, sie zu stellen. Symmetrie kann ein wirksames Mittel sein, einem Raum Ruhe zu verleihen. Einer ausgeglichenen Atmosphäre kommt es zugute, wenn man größere Stücke parallel zu einer Raumachse platziert, Sitzmöbel und Tische paarweise gruppiert und schiefe Anordnungen vermeidet.

Achten Sie stets darauf, vorhandene architektonische Elemente wie Türen, Fenster oder einen offenen Kamin in die Planung einzubeziehen. In nördlichen Breiten sind die Gelegenheiten, den Wohnraum nach draußen, auf Innenhof, Terrasse oder Garten, zu verlegen, zwar beschränkter als in Regionen mit freundlicherer Witterung, aber es bietet sich trotzdem an, für drinnen und draußen verwandte Materialen sowie Möbelstücke zu wählen, die zusammenpassen.

Die jahrtausendealte chinesische Lehre des Feng Shui, die mittlerweile auch bei uns ihren Siegeszug angetreten hat, kennt zahlreiche Regeln zur Raumaufteilung, von denen viele freilich einfach dem natürlichen Ordnungssinn und damit dem gesunden Menschenverstand entspringen. Im Grunde geht es beim Feng Shui darum, durch Vermeidung unharmonischer Elemente – vorstehender Ecken, ungünstig platzierter Möbel etc. – Wohlbefinden hervorzurufen.

Nun stehen Symmetrie und Ordnung bisweilen scheinbar im Widerspruch zu dem Wunsch nach legerem Wohnen. Aber eben nur scheinbar. Eine gewisse Grundordnung lässt Räume ruhiger und kontemplativer wirken, was wiederum eine entspannte Atmosphäre fördert. Entsprechend bildet der moderne Trend zu offenen Grundrissen, die dem Einrichtenden jede Menge Spielraum lassen, auch eine passende Voraussetzung für »exotische« Einflüsse.

Die hierarchische Aufteilung in mehrere Räume, die jeweils einem bestimmten Zweck zugeordnet sind, fehlt in fremdländischen Häusern oft. Natürlich kann trotzdem eine gewisse Raumteilung

nötig sein. Einfache Wandschirme oder schleierartig von der Decke hängende semitransparente Stoffbahnen nehmen dann den Platz fester Wände ein und trennen bestimmte Bereiche ab oder schaffen den Eindruck von Abgeschlossenheit. Wandschirme lassen sich relativ leicht herstellen, und es steht eine riesige Auswahl an Materialien zur Verfügung – von schmucklosen Holzplatten bis hin zu kunstvollen stoffbespannten Rahmen. Als Texturen bieten sich Flechtwerk oder Schilfrohr an, japanische Reispapier-Paravents wirken puristisch-elegant, und mit kunstvollen Intarsien eingelegte Lackschirme atmen exotisches Flair.

Japanische Interieurs sind stets frei von Nippes, wunderschön proportioniert und mit Sorgfalt eingerichtet. Tatami-Matten dienen als Bodenbelag, Reispapier-Wandschirme als Raumteiler, und raumhohe Fenster machen es möglich, das kultivierte Design von allen Seiten zu bewundern.

Tische und Stühle

Möglicherweise fühlen wir uns auch deswegen so zum Wohnstil bodensitzender Kulturen hingezogen, weil wir diese als lässig und unkompliziert ansehen.

Anders als das Hocken auf einer Stuhlkante ist das Sitzen am Boden buchstäblich erdverbunden. Es ist eine Position ohne Status oder falsche Vorspiegelungen. Natürlich basiert diese Vorstellung auf einem wissentlichen Missverständnis, denn obwohl dort fast alle Tätigkeiten in unmittelbarer Nähe des Fußbodens ausgeführt wurden, war die traditionelle japanische Gesellschaft alles andere als frei und leger. Und wenn wir den orientalischen Brauch kopieren und auf Teppichen Platz nehmen, leben wir deswegen noch lange nicht in Zelten. Es ist nur einfach so, dass aus westlicher Perspektive der Entspannungsgrad umso höher erscheint, je tiefer man sitzt.

Nun ist der Fußboden für uns Abendländer, die wir von Kindheit an an Stühle gewöhnt sind, kein sonderlich bequemer Sitzplatz – aber warum nicht sich auf halbem Wege treffen? Kombinieren Sie doch einfach die zeitgenössischen niederen Sitzmöbel mit Bodenkissen, simplen Schemeln und Bänken, und schon haben Sie den Fußboden in eine durchaus einladende Wohnlandschaft verwandelt.

Im Gegensatz zu Wohnzimmern mit dominierendem Biedermann-Dreiteiler – prall aufgepolsterem Sofa und zwei dazu passenden Sesseln, alle dem Fernseher zugewandt – sind Bodensitzgruppen sorgfältig zusammengestellte Ensembles, in denen nicht ein einzelnes Stück allen anderen die Show stielt. Schlichte moderne Möbel – schmale Polsterbänke, niedrige geradlinige Sofas und formschöne, funktionelle Hocker – weisen den Weg zum zeitgenössischen Ambiente. Bei limitiertem Budget erfüllen improvisierte Sitzgelegenheiten wie Matratzen oder ein Stück Schaumgummi mit Stoffüberwurf denselben Zweck. Tatami-Matten – halb Bodenbelag, halb Sitzfläche – laden zum Niederlassen ein und bilden eine optimale Unterlage für jedes Sitzkissen. Kissen brechen aus ihrer angestammten Rolle als Accessoire aus und werden zu eigenen Einrichtungselementen. Große quadratische

Gegenüber: In diesem ultraschlichten Esszimmer liefern ein schmaler Tisch und simple Klappstühle den Beweis, dass funktionelle Strenge ebenso exotisch wirken kann wie ausgefallene Artefakte. Mehr Dekoration als die sternförmigen Lightspots braucht es hier nicht.

Rechts: Dieses Speisezimmer präsentiert sich als geglückte Kombination aus Industriedesign und traditionellem japanischen Stil. Fernöstliche Wandverkleidung und exotische Pflanzen harmonieren perfekt mit den modernen dänischen Stühlen.

Oben: Warum schlicht-schöne Bausubstanz durch zu viel Mobiliar stören? Niedrige, rechteckige Sofas und ein kantiger Couchtisch sind ausreichend Dekoration für dieses balinesische Interieur.

Gegenüber: Der Zusammenprall von Kulturen – in Form orientalischer Accessoires, Stil der 30er-Jahre und moderner Architektur und Design – ergibt ein erstaunlich attraktives Gesamtbild.

Bodenkissen, Sitzsäcke (Beanbags), lange Polsterrollen, lederbezogene Puffs und Ottomanen, deren Flexibilität in wohnlichem Kontrast zu den elementaren Formen steht, laden zum Sitzen in Bodennähe ein.

Ergänzt werden diese Sitzgruppen durch niedrige Tische. Schmucklose, gedrungene Formen aus dunklem Holz verbinden die klaren Linien von modernem Design mit dem derben Charme natürlicher Materialien. Massive Steinplatten oder Zementblöcke, auf klobige Klötze gesetzt, sind von einem primitiven Reiz, während Metalltische mit mosaik- oder kachelgeschmückter Platte einen maurischen Touch ins Spiel bringen. Als ungewöhnlicher Blickfang eignen sich zu Couchtischen umfunktionierte altindische Tagbetten oder indische Beistelltischchen aus Messing.

Für alle, die die Ästhetik des Floor-Level-Living schätzen, bilden entsprechende Essbereiche das passende Ambiente für den Genuss ethnisch-exotischer Gerichte. Dennoch fühlen sich die meisten von uns wohler, wenn sie – gerade zum Essen – ein gutes Stück höher sitzen. Hier eignen sich schlichte moderne Stühle und Tische, die unaufdringlich mit dem modernen Ethno-Stil harmonieren; noch besser sind simple Mensa-Tische und Bänke. Wer Tischplatten aus Stein oder Metall wählt, beweist damit einen Sinn für Qualität.

BETTEN

Die einzelnen Kulturen unterscheiden sich in ihren Schlafkonventionen nicht weniger als in ihren Sitzgewohnheiten. In einigen Teilen der Welt reicht eine dünne Matratze, die tagsüber aufgerollt und außer Sichtweite verstaut wird. Anderswo werden richtige Betten bevorzugt.

Ein Futon ist die offensichtliche Wahl für jeden, der die Schlichtheit des Floor-Level-Living schätzt. Diese mit Wolle, Baumwolle oder Kokosfasern gestopften japanischen Matratzen können zudem mit erstklassigen ökologischen und gesundheitlichen Referenzen aufwarten. Futons werden traditionell unmittelbar auf den Fußboden gelegt; bei uns sieht man sie allerdings weitaus häufiger in Verbindung mit pritschenartigen Gestellen aus Holz oder Metall. Niedrige Diwanbetten oder direkt auf dem Boden liegende normale Matratzen sind von ähnlichem ästhetischen Gehalt. Mehr Federung erreicht man ganz einfach durch untergelegte Tatami-Matten.

Weniger dezent, aber gleichfalls zum Ethno-Look passend, sind Bettgestelle aus Metall. Französische Messingbetten, weiß lackiertes Schmiedeeisen, gewöhnliches oder emailliertes Eisen besitzen ausreichend Ausstrahlung, um alle Blicke auf sich zu ziehen. Aus Flechtwerk (Rattan) gefertigte Teile bereichern die Optik zudem um eine plastische Dimension, während Schnitzereien oder Bemalung für dekorativen Charme sorgen. Zeitgenössische Himmelbetten mit geraden Holz- oder Metallpfosten dienen als Rahmen für prachtvolle Behänge aus schimmernder Seide oder bedruckter Baumwolle. Und dem romantischen Flair zarter Moskitonetze ist selbst in nördlichen Breitengraden, wo mit Sicherheit keine Malariagefahr droht, schwer zu widerstehen.

Links: Ein traditioneller japanischer Futon demonstriert die Einfachheit des Low-Level-Living. Abends, wenn eine dicke Matratze darauf ausgebreitet wird, mutieren die sonst als Bodenbelag dienenden Tatami-Matten zur Bettunterlage.

Oben: Ebenso elegant wie zurückhaltend laden Tagbetten zur sofortigen Entspannung ein und bereichern als vielseitige Möbelstücke jeden Wohnraum – ganz egal, ob im Haus oder unter freiem Himmel. Diese Liege, erfrischend nahe an einem kühlenden Seerosenteich platziert, trägt einen leichten Quilt und Kissen aus leuchtend kolorierter Rohseide.

Links: Zarter und exotischer als diese moderne Version kann ein Himmelbett nicht wirken. Lichtblauer Musselin mit cremeweißen Einsätzen fällt von einem schlanken Metallrahmen zum bemalten Boden hinab.

Dekostoffe

Kräftige Kontraste sind der Schlüssel zum Erfolg: modern und traditionell, Naturmaterial und Kunstfaser, weich und hart, strukturiert und dekoriert, rau und glatt. In Form von Kissen- oder Polsterbezügen, Überwürfen, Bettwäsche und Tischdecken bieten Dekostoffe ein breites Feld an individuellen Möglichkeiten, solche Gegensätze apart und effektvoll zur Geltung zu bringen.

Bei früheren »exotischen« Interieurs hing die exotische Wirkung vorwiegend von Textilien ab, da die Möbel selbst nicht selten völlig unter unglaublich üppig drapierten Stoffschwaden verschwanden. Im Gegensatz dazu legt der moderne Ethno-Stil verstärkt Wert auf klare Linienführung. Dekostoffe sind nach wie vor wichtiges Element, doch wird ihre Wirkung heute differenzierter gesehen.

Materialien werden danach beurteilt, wie stark sie die Sinne ansprechen: Leder riecht gut, fasst sich wunderbar an und wird mit zunehmendem Alter immer schöner. Heute fertigt man daraus vornehme Bezüge für Kissen, Bänke, Puffs und Polstermöbel. Handschuhweiches Wildleder und mattes Glattleder in grafischen Schwarz- und Brauntönen besitzen eine kühle, zeitgenössische Anziehungskraft. Kuscheliger Webpelz, hochflorige Teppiche und Chenilledecken verströmen Behaglichkeit, und graues, blüten- oder cremeweißes Leinen ergänzt sich mit

dunklem Holz zu einer distinguierten Version des Stils. Verführerische Stoffe wie Samt, Brokat und Seide mildern die strengen Linien moderner Interieurs und setzen leuchtende Farbakzente.

In lebhaftem Safrangelb, Fuchsiarot oder gedämpftem Violett erfreut Seide aus Indien, Kambodscha oder China das Auge, glänzender Samt vermittelt den Eindruck luxuriöser Opulenz, und nobler Brokat bildet einen harmonischen Kontrapunkt zu Holz- und Natursteinoberflächen. Wer es gerne glitzernd mag, wählt Textilien mit entsprechendem Besatz oder Kleiderstoffe für Sarongs und Saris.

Oben: Cremeweiße Bettwäsche kontrastiert aufs Schönste mit der taupefarbenen Überdecke und ergänzt den harmonisch-ruhigen Gesamteindruck dieses geradlinigen Schlafraums, der zugleich orientalische Eleganz besitzt.

Links: Einladend türmen sich Samtkissen in satten Orange-, Rot- und Rosatönen auf einer niedrigen Couch. Die Kombination aus warmen Farbfeldern und weichen Stoffen erweckt den Eindruck optischer Opulenz.

Oben: In kräftigen Farben gekachelte Wände reichen als Dekor einer funktionalen Küche vollkommen aus. Die große Sternlampe liefert den Beweis, dass ein einziges, wohl überlegtes Element einem Raum exotisches Flair verleihen kann.

Rechts: Die Möblierung in diesem geräumigen Badezimmer ist auf ein Minimum beschränkt. An einer schmucklosen Metallstange befestigte einfache Vorhänge bieten Sichtschutz für die freistehende Wanne. Ethnischer Charme kommt durch einen geschnitzten Stuhl ins Spiel.

Installationen und Einbauten

Küche und Bad, zwei unentbehrliche Räume eines jeden Haushalts, bieten eine weitere Möglichkeit, den modernen Ethno-Stil nutzbringend und dekorativ einzusetzen. Diese Bereiche sind besonders auf Funktionalität angewiesen, Installationen müssen sich perfekt einfügen und einwandfrei funktionieren. Hinzu kommt das ethno-exotische Element, das an die elementaren Freuden erinnert, eine leckere Mahlzeit zuzubereiten oder sich bei einem entspannenden Vollbad vom Alltagsstress zu erholen.

Überzeugende Lösungen bedürfen auch hier sorgfältiger Planung. Ein gut durchdachter Grundriss, der den zur Verfügung stehenden Platz optimal nutzt und einen ergonomischen Arbeitsablauf ermöglicht, ist in großzügig proportionierten Räumen nicht weniger wichtig als in kleinen. Wenn diese Grundlagen geregelt sind, können Sie sich an die dekorativen Feinheiten der Ausstattung machen.

Moderne Küchen sind meist durch zusammenpassende Einbauelemente und glatte, pflegeleichte Oberflächen charak-

Ein winziges, gleichsam in die Mauer eingelassenes Bad verdeutlicht, wie sich verschiedene Bereiche in ein und denselben Raum integrieren lassen. Trotz ihrer diskreten Lage bietet die Wanne einen großzügigen Überblick.

terisiert. Ein exotischer Touch braucht nicht auf deren Kosten zu gehen. Vielmehr erhöhen Farbe und Struktur die sinnliche Freude am Kochen und Sich-Pflegen. Das geht sogar ohne großen Aufwand: Meist reichen schon einige kosmetische Änderungen aus, Küche oder Bad ein völlig neues Gesicht zu verleihen.

Ganz wesentlich ist auch hier das Element Farbe. Kräftige Farbtupfer erwecken Türen, Schrankfronten und sogar eintönige Kachelflächen zu neuem Leben. Die richtige Farbe vorausgesetzt, lässt sich so gut wie jede Oberfläche streichen. Fliesenlack, den man in vielen exotischen Tönen bekommt, kann einen gewöhnlichen Spritzschutz in einen ausdrucksstarken Hintergrund verwandeln. Zudem ist ein Anstrich allemal billiger und sauberer als ein Abschlagen der Fliesen.

Auch neue Schranktüren können eine Küche vollkommen verwandeln. Rustikale Fronten in karibischen »Eiscreme«-Farben holen den Sommer ins Haus, selbst schlichte, bündig abschließende Türblätter erhalten durch applizierte Motive aus gestanztem Zinn oder durch Ziernägel exotisches Gepräge. Eine weitere Möglichkeit sind Türen mit Holzgitter- oder Maschendrahteinsatz, während frei stehende Einzelmöbel von sich aus heimelig wirken und so zum Ethno-Look passen.

Links: Mit einem prachtvollen Blick durch zwei Rundbögen wird jede Dusche zum Vergnügen. Die Mauern bestehen aus Beton mit Ziegeleinlagen, der Fußboden wurde gefliest.

Gegenüber: Diese tiefe Steinbadewanne scheint organisch mit der Wand verwachsen und ist tatsächlich integraler Bestandteil.

Arbeitsplatten bieten ideale Gelegenheit für weitere Texturen: Faszinierend gesprenkelter Granit, dunkles Massivholz oder Zink, das mit der Zeit eine interessante Patina bekommt, kontrastieren effektvoll mit der modernen Linienführung, während geflieste Flächen an den landestypischen Stil Lateinamerikas oder Nordafrikas erinnern.

Häufig geht die Vorliebe für ethnoexotische Dekoration Hand in Hand mit einem Faible für die Küche ferner Länder, und in vielen Fällen ist die Erweiterung des kulinarischen Horizonts zugleich Vorläufer der des optischen. Offene Regale präsentieren die dazu nötigen Utensilien – Woks, Couscousiers etc. – neben bunt bedruckten Packungen der dazugehörigen exotischen Ingredienzen. Kompakte, massive Regale, die fast Teil der Wand scheinen, besitzen eine Plastizität, die für den Ethno-Stil typisch ist. Wer noch weitere Dekoration wünscht, kann die Querbretter mit Mosaiksteinchen, Sternen oder Perlen verzieren.

Genau wie in der Küche sind auch aus dem Bad moderne Installationen nicht mehr wegzudenken. Doch wird das Badezimmerdesign darüber hinaus von uralten Reinigungsriten geprägt, die eigentlich eher in den elementaren Freuden des Waschens begründet liegen als in der westlichen Hygienebesessenheit. Gemeinschaftliches Baden – von den Familienbädern in Japan bis hin zu den Dampfbädern und Tauchbecken des Vorderen Orients – erhebt eine Aktivität zu gesellschaftlichem Stellenwert, die wir im Westen als reine Privatangelegenheit ansehen. In vielen Kulturen wird zudem zwischen der Reinigung des Körpers und den eher sinnlichen Genüssen eines heißen Bades unterschieden: Vor dem Besteigen der Wanne oder dem Betreten des Dampfbades steht gründliches Einseifen und Abduschen. Japaner finden den Gedanken, sich in ein und demselben Wasser zu waschen und zu entspannen, regelrecht abstoßend. Auch bei uns gewinnt diese Art der Badekultur immer mehr Anhänger, und Zedernholzwannen halten in vielen minimalistischen Wohnungen Einzug. Wer damit liebäugelt, sollte aber bedenken, dass sie täglich mit Wasser gefüllt werden müssen; andernfalls schrumpft das Holz und es bilden sich Risse. Pflegeleichter und kaum weniger »exotisch« sind versenkte Badewannen. Wer genügend Platz hat, kann dem japanischen Beispiel folgend eine separate Dusche einbauen. Individueller als eine fertige Duschkabine wirkt es, wenn Sie einen bestimmten Teil des Raums als Duschfläche mit eigenem Abflussgulli abtrennen.

Wesentliche Funktion kommt den Materialien zu. Mosaiken und Motivkacheln erfreuen die Augen; Naturstein und Holz besitzen eine gewachsene Ästhetik. Einheitlichkeit ist wichtig: Wählen Sie für Boden, Wände und Oberflächen dieselben oder zumindest verwandte Materialien.

Stauraum

Der moderne Ethno-Stil braucht viel Platz zum Atmen, weshalb es wichtig ist, genügend Stauraum einzuplanen. Um die kontemplative Aura nicht zu gefährden müssen Besitztümer gut geordnet sein und dürfen sich auf gar keinen Fall sämtlich den Blicken präsentieren. Die sprichwörtliche Ordnung des japanischen Wohnstils mag als gestalterische Referenz dienen. Auch wenn Ihnen die absolute Disziplin eines Minimalisten fehlt, ist es doch stets sinnvoll, sein Hab und Gut zu sichten und sich von allem Überflüssigen zu trennen. Hinterher stellt sich mit Sicherheit ein Gefühl der Erleichterung ein.

Moderne Lösungen bieten die richtige Infrastruktur, um den Überblick zu behalten. Wer wirklich gründlich vorgehen will, muss zunächst eine radikale Neuordnung ins Auge fassen. Schauen Sie sich Ihre Wohnung – mit der nötigen Distanz – an und überdenken Sie den zur Verfügung stehenden Platz. Häufig empfiehlt es sich, spezielle Stauräume zu schaffen, um den eigentlichen Wohnbereich zu entlasten. Dies können »Zwischen-Räume« (unter Stufen oder Treppenaufgängen, Speicher oder Keller) ebenso sein wie »Leih-Räume« – spezielle Aufbewahrungsorte für Kleidung, Wäsche oder Bücher, die dadurch entstehen, dass man ein Stück eines bereits vorhandenen Raums abtrennt.

Der eigentliche Wohnbereich sollte nach Möglichkeit keine sichtbaren Stauflächen enthalten. Dies gilt vor allem für das Schlafzimmer, wo der tägliche Krimskrams die exotische Stimmung rasch zunichte machen kann. Verbergen Sie Ihre Garderobe besser hinter den raumhohen Schiebetüren perfekt eingepasster Einbauschränke. Lassen Sie Alkoven mit Brettern für Wäsche etc. ausstatten und hängen Sie einen Vorhang oder eine Jalousie davor. Räumen Sie Dinge wie CDs oder Briefpapier in Metall- oder Kunststoffboxen oder Kartons, die eine einheitliche Front bilden. Auch freistehende Behältnisse, die zum Blickfang werden, harmonieren mit dem Stil – vorausgesetzt, das Design enthält wenigstens ein ethno-exotisches Element.

Nahezu alle Kulturen – ob die Menschen auf dem Boden sitzen und auf Matten schlafen oder Stühle und Betten bevorzugen – kennen spezielle Möbel zum Verstauen alltäglicher Dinge. Schränke, Truhen und Kommoden sind

Links: In dieser freundlich schlichten, rein funktionalen Küche bilden eine Sammlung orientalischer Tongefäße sowie ganz gewöhnliche Küchenutensilien die einzige Dekoration. Dank der offenen Regalwände ist alles Nötige immer sofort bei der Hand.

Gegenüber: Ein schmuck- und schnörkelloses Steinbord umrahmt dieses Waschbecken und dient zugleich als Aufbewahrungsort für Handtücher und Toiletteartikel. In den exotisch anmutenden Flechtkörben verbergen sich weniger ansehnliche Waschraumutensilien.

weltweit verbreitet. Im simpelsten Fall handelt es sich um schlichte Metalltruhen oder Flechtkörbe mit Deckel, aber viele Stücke präsentieren sich als Zeugnisse herausragender Handwerkskunst.

Solche geschnitzten oder intarsiengeschmückten Möbel sind praktisch wie dekorativ: Geprägte Ledertruhen aus Nordafrika, Lackschränkchen aus der Mandschurei und japanische Kommoden können sehr viel Geld kosten, aber zum kostbaren Blickfang werden.

Bei begrenztem Budget stehen preiswertere Möbel mit ethnischem Touch zur Auswahl. Garderobeschränke und Sideboards aus wiederverwertetem Teak mit Bambusgitterfront, freundlich lackierte Holzkästen mit ausgesägten Motiven oder metallene Medizinschränkchen fügen sich reizvoll in die Ästhetik ein und fassen eine Menge Kleinkram. Alternativ dazu können Sie normale Schachteln oder Kartons selbst mit exotischem Stoff oder Papier überziehen.

Die vielseitigste Art von Staufläche bieten Regalwände, in denen alles Erdenkliche Platz findet und stets sofort greifbar ist – Bücher, Videokassetten und CDs ebenso wie Geschirr und Kleidungsstücke. Meiden Sie die modernen Glas- und-Stahl-Systeme und wählen Sie stattdessen »gehaltvollere« Materialien. Für Alkoven eignen sich in weitem Abstand gesetzte dicke Bretter, niedere Stein- oder Holzplatten können als dekorativer Sockel um den ganzen Raum führen.

GEFLIESTE ARBEITSFLÄCHE

Normalerweise sind geflieste Arbeitsplatten in der Küche einfarbige, wenn nicht gar eintönige Flächen. In unserem Beispiel lockern pastellige Rechtecke das Dekor auf und sorgen für maurisch inspirierte dezente Eleganz. Die Fliesen werden mittels selbst gefertigter Schablonen dekoriert. Greifen Sie bereits vorhandene Farbkombinationen auf oder setzen Sie ganz neue Akzente.

Jede Fliese erhält einen Schutzanstrich mit hitzebeständigem Speziallack. Diese Dekorationstechnik eignet sich auch für andere Flächen, vor allem natürlich in Badezimmern. Sie können auch Fußbodenkacheln schablonieren, müssen dann allerdings mehrere Schichten besonders strapazierfähigen Lack auftragen.

MATERIAL UND WERKZEUG

Terrakottafliesen (15 x 15 cm groß), Bleistift, Karton, Schere, Holzlasur auf Wasserbasis in Cremeweiß (für den Hintergrund) und einigen gedämpften Tönen, Pinsel, weiches Tuch, Schablonierpinsel, 12 mm breites Klebeband zum Abdecken, seidenmatter Lack auf Ölbasis, Fliesenkleber und Fugenkitt.

ARBEITSSCHRITTE

Vor Arbeitsbeginn festlegen, ob jede einzelne Kachel dekoriert werden soll. Das Muster mit Bleistift auf jeder Fliese anzeichnen und erst dann die Schablo-

nen fertigen. In den Karton rechteckige oder quadratische Löcher schneiden: Dazu das Kartonstück in der Mitte falten und 3 Seiten ausschneiden, damit eine symmetrische Schablone entsteht. Die Motive können jede beliebige Form haben; sie dürfen nur nicht zu zart sein.

❶ Für den Hintergrund die cremeweiße Farbe mit dem Pinsel auf alle Fliesen auftragen, sofort danach aber mit einem weichen Lappen darüberwischen, so dass sich ein verwaschener Effekt ergibt und stellenweise das Terrakottarot durchscheint. Trocknen lassen.

❷ Die Flächen, die nicht koloriert werden sollen, mit Klebeband abdecken. 12 mm breites Kreppband lässt Ihnen einen größeren Spielraum als breiteres Band. Danach die Schablonen auflegen und mit einem Schablonierpinsel die erste Farbe auftragen. Immer nur sehr wenig Farbe aufnehmen und den Pinsel senkrecht halten. Trocknen lassen, danach die nächste Farbe auftragen.

❸ Das Klebeband entfernen, sobald die Farbe trocken ist, um ein Abblättern zu vermeiden. 2 bis 3 Schichten Lack auftragen, um das Dekor zu schützen. Vor dem Festkleben und Verfugen alle Fliesen auslegen, damit noch Änderungen vorgenommen werden können.

RUSTIKALER WANDSCHIRM

Von japanischen Vorbildern inspiriert, besteht dieser Paravent aus durch Holzstreben gefädelten grünen Stäben und einem simplen Bauholzrahmen. Wenn Sie die Stäbe »frisch« kaufen, müssen sie zuerst zum Austrocknen einige Wochen senkrecht aufgehängt werden. Schneiden Sie die Stäbe passend auf den Rahmen zu. Da die Fasern beim Trocknen schrumpfen, brauchen Sie später mehr als zunächst angenommen. Sie können auch fertige Bambus- oder Schilfrohrmatten verwenden.

MATERIAL UND WERKZEUG

6 Holzpfosten für die senkrechten Stützen (5 x 5 cm und 150 cm lang), 6 Holzbalken für die waagrechten Stützen (5 x 5 cm und ca. 45 cm lang), 15 Holzstreben (6 mm Durchmesser, je 150 cm lang), 12 Bündel grüne Stäbe oder Bambusmatten (nach Maß zugeschnitten), 50 cm Sackleinen, Holzbeize, weicher Lappen, Gehrungslade, Feinsäge, Bohrmaschine, Senker, Holzleim, Zeichendreieck, Schraubendreher, 24 Kreuzschlitzschrauben (7,5 cm lang), Maßband und Bleistift, Cuttermesser, 48 Teppichnägel, Hammer.

ARBEITSSCHRITTE

Die senkrechten Stützen oben und unten mit der Gehrungslade völlig plan sägen. Die Streben mit einem weichen Lappen beizen. Trocknen lassen.

❶ In die Außenseite jedes Pfostens 15 cm vom unteren Rand und 7,5 cm vom oberen Rand sowie jeweils 12 mm von jeder Seite entfernt 2 Löcher bohren und mit dem Senker ankörnen. Auf ein Ende eines Querpfostens Leim auftragen und so gegen den ersten Pfosten legen, dass die Mitte mit den bereits gebohrten Löchern übereinstimmt. Mit dem Zeichendreieck überprüfen, dass sich ein rechter Winkel ergibt, und dann die beiden Holzstücke mit 2 Kreuzschlitzschrauben zusammenschrauben. Den Vorgang auf der anderen Seite oben und unten wiederholen, so dass ein Rechteckrahmen entsteht. Auf diese Art 3 Rahmen fertigen.

Die Mitte jedes Rahmens an der Querlatte mit einem Bleistiftstrich markieren. Etwa 5 cm von den beiden senkrechten Pfosten nach innen messen und ebenfalls markieren. Die Mittelpunkte zwischen diesen Markierungen anzeichnen. An diesen Punkten in die oberen und unteren Querlatten je 5 Löcher mit einem Durchmesser von 12 mm bohren.

❷ 5 Holzstreben auf das Rahmeninnenmaß zuschneiden, dabei aber je 2 cm zugeben, um sie in die Löcher zu stecken. Zuerst in die unteren Löcher einpassen und anschließend in die oberen (Streben dieser Dicke sind recht flexibel). Sobald alle Streben fixiert sind, die Stäbe hindurchfädeln und dann so dicht wie möglich zusammenschieben. Die anderen Rahmen anschließend entsprechend arbeiten.

❸ Sobald die Rahmen fertig sind, aus Sackleinen die Scharniere fertigen: Aus dem Stoff 4 große Quadrate à 15 cm zuschneiden und alle Seiten jeweils 10 mm einschlagen, so dass 13 cm große Quadrate entstehen (so umgeht man das Einsäumen). Pro Scharnier 12 Teppichnägel einschlagen; der Stoff muss richtig fest sitzen. Die Rahmen werden mit jeweils 2 Scharnieren verbunden, die etwa 15 cm vom oberen bzw. unteren Rand des Wandschirms entfernt sein sollten.

Quadratischer Couchtisch

Nach dem Vorbild fernöstlicher Ästhetik gefertigt, passt dieser Couchtisch perfekt zum modernen Ethno-Stil. Während die Beine aus massiver Buche sind, wurde für die Platte aus Kostengründen furnierter Pressspan gewählt. Da Pressspan nicht in beliebiger Stärke erhältlich ist, mussten 2 Platten verbunden werden, um die gewünschten Maße zu erzielen.

Material und Werkzeug

2 quadratische Pressspanplatten mit Buchenfurnier (60 x 60 cm groß und 1,8 cm stark), 4 Stücke massives Buchenholz (7 x 7 x 25 cm), 8 Kreuzschlitzschrauben (7,5 cm), 13 Kreuzschlitzschauben (3 cm), Maßband, Bleistift, Schraubendreher, Bohrmaschine, Senker, Holzleim, Sandpapier und Schleifblock, 4 Streifen Buchenfurnier (61 x 5 cm), Cuttermesser, Klebstoff, Holzbeize, seidenmatter Acryllack, Lackpinsel (10 cm breit), weiches Tuch.

Arbeitsschritte

❶ Als Erstes die beiden Spanplatten verbinden. Dazu eine quadratische Platte auf eine ebene Arbeitsfläche legen. Mit Maßband und Bleistift den Mittelpunkt ermitteln und markieren. Ein Loch bohren und mit dem Senker die Öffnung ankörnen.

An den Ecken beginnend, 2,5 cm von der Kante entfernt, entlang der Sei-

ten 11,5 cm abmessen, alle 8 Punkte mit einem Bleistift anzeichnen. Löcher bohren, mit dem Senker ankörnen. In der Mitte jeder Seite 2,5 cm vom Rand entfernt ein Loch bohren, mit dem Senker versäubern.

Für die Löcher zum Anschrauben der Tischbeine die quadratische Platte umdrehen und an jeder Ecke 2 Löcher bohren und senken; das 1. Loch liegt 4 cm von der Ecke und 2 cm von der Kante, das zweite 6 cm von der Ecke und ebenfalls 2 cm von der Kante entfernt. (Insgesamt sollten Sie 13 Löcher zum Verbinden der Platten und 8 zum Anschrauben der Tischbeine haben.)

❷ In die Oberseite jedes Beines 2 Löcher bohren, im Abstand zu denen passend, die Sie zuvor in die Spanplatte gearbeitet haben. Auf die Oberseite der Blöcke reichlich Holzleim auftragen und das Pressspanquadrat auf die Beine legen.

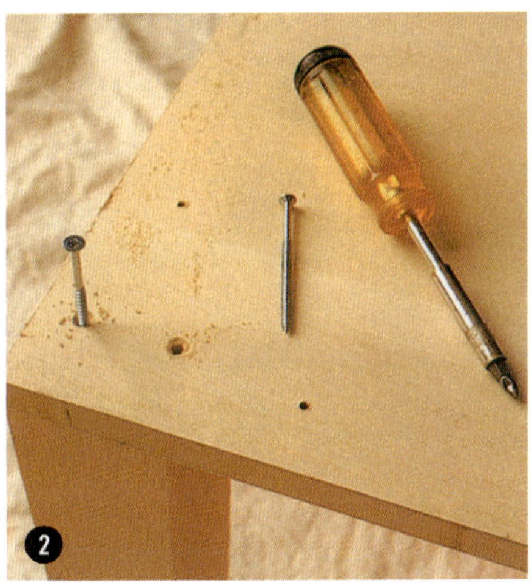

Die Beine mit 7,5 cm langen versenkbaren Schrauben an der Tischplatte fixieren.

Die obere Spanplatte umgekehrt auf die Arbeitsfläche legen, mit Holzleim bestreichen. Das andere Quadrat mit den angeschraubten Beinen vorsichtig darauf legen, so dass beide Platten deckungsgleich aufeinander liegen. Die 3 cm langen Schrauben in die vorgebohrten Löcher stecken und festziehen. Sobald der Holzleim trocken ist, alle Kanten abschleifen.

Um dem Tisch ein einheitliches Aussehen zu verleihen, werden die Ränder der Tischplatte mit Buchenfurnierstreifen verkleidet: Mit dem Cuttermesser 4 Streifen zuschneiden, dabei 6 mm zugeben (wird später abgeschliffen). Nacheinander je eine Plattenseite und einen Furnierstreifen mit Klebstoff bestreichen. Den Kleber gemäß Anleitung vortrocknen lassen und dann das Furnier fest andrücken. Die restlichen 3 Seiten ebenso überziehen.

❸ Ist der Klebstoff getrocknet, die Kanten mit Sandpapier abschleifen. Dabei den Schleifblock im 45-Grad-Winkel halten, damit die Furnierstreifen übergangslos mit dem restlichen Tisch abschließen. Mit einem weichen Tuch alle Holzflächen dunkel beizen. Zuletzt 2 bis 3 Schichten seidenmatten Acryllack auftragen (jeweils gut trocknen lassen!).

LICHT & PRÄSENTATION

LICHT & PRÄSENTATION

Der moderne Ethno-Stil findet seinen Ausdruck auch in der – teils gewagten – Präsentation dekorativer Details. Kunstobjekte und Bilder, Schnittblumen und Grünpflanzen sind nicht so sehr aparte Akzente als vielmehr essenzielle Bestandteile, die dem Interieur heiteren Charme verleihen. Auf ähnliche Weise kann Beleuchtung Stimmung und Ambiente beeinflussen, indem sie bestimmte Elemente beliebig hervorhebt, gleichzeitig aber auch selbst als Dekoration wirksam wird.

Präsentation, ganz gleich welcher Art, muss immer eigenständige Bedeutung besitzen. Früher gehörte es fast zum guten Ton, exotische Artefakte zu sammeln – im besten Fall als Souvenirs, im schlimmsten als Kuriositäten –, mit dem Erfolg, dass die »gute Stube« nicht selten eine etwas bizarre Aura erhielt. Ältere Versionen des Ethno-Stils waren ähnlich überladen: Jede freie Fläche, Kaminsims wie Tischplatte, trug eine Fülle ethnischer Deko-Objekte.

Flackerndes Kerzenlicht ist die ideale Beleuchtung für jedes ethno-exotische Interieur. Zusammen mit den honiggelben, in Terrakottaschalen platzierten Kerzen schafft diese rechteckige Holzhalterung für Teelichter ein stimmungsvolles Ambiente. Ähnliche Ständer lassen sich aus Zement oder Metall ganz einfach herstellen.

Weder streng minimalistisch noch überladen, ist der moderne Ethno-Stil darauf gerichtet, uns ein behagliches Wohngefühl zu vermitteln. Er enthält handgefertigte Objekte als Ausdruck kontinentübergreifender Kreativität, aber auch Elemente, die direkt die Sinne ansprechen: dekorative Beleuchtung, die für Vitalität und Atmosphäre sorgt, Düfte und Aromen, um weit entfernte Orte und Stimmungen heraufzubeschwören, sowie klangvolle, beruhigende Töne. Ziel ist, Vorder- und Hintergrund zu einem einheitlichen, wenn auch von individuellem Geschmack geprägten Umfeld verschmelzen zu lassen.

Bei der Präsentation geht es nicht so sehr darum, dekorative Statements abzugeben, als Verbindungen zu knüpfen. Es gibt keinen Grund, sich auf Artefakte oder Elemente eines einzigen Kulturkreises zu beschränken. Genauso wenig müssen Sie – auch wenn dies sicher Vergnügen bereitet – ferne Länder bereisen und den kulturellen Hintergrund exotischer Gegenstände erkunden. Wichtig ist einzig, dass Ihnen die Objekte auf Anhieb gefallen und Ihren Wohnmaßstäben entsprechen. Woher sie stammen, spielt überhaupt keine Rolle.

Links: Ganz in Beige und Schwarz gehalten, präsentiert sich dieser Raum in fernöstlichem Understatement. Die quastengeschmückten Papierlaternen, an dünnen Metallstäben befestigt, sind ebenso dekorativ wie funktionell.

Unten: Klassisch und doch zeitgemäß – Lampions dämpfen das Licht und eignen sich vor allem für Schlafräume. Durch den niedrigen Lichtpegel wirken die roten Wände noch wärmer. Hier verstärken Metallfassungen das Gehäuse und sorgen für klare Linien.

Dekorative Beleuchtung

Hier kommt es gleichermaßen auf die Qualität des Lichts und das Design der Lampe an. Die angenehmste Art meidet die harten Konturen moderner technischer Beleuchtungskörper wie etwa Halogenspots und verlegt sich stattdessen auf die Kombination vieler verschiedener Lichtpunkte – Lampionketten, Wandleuchten, Hängeampeln und klassische Lampenschirme, die seit Jahrhunderten den Menschen begleiten.

Rechts: Dekorieren mit Licht kann ebenso einfach wie kreativ sein. Dieser Glitzerbaum besteht aus einem konischen Drahtgestell (für Formschnittpflanzen), einer spiralig herumgeführten Lichterkette und chromglänzenden Christbaumkugeln.

Unten: Eine mit Lochmuster geschmückte Wandlampe aus Gips wirft gedämpftes Licht, das für stimmungsvolle Beleuchtung sorgt.

In Wohn- und Ruhebereichen sollte der Lichtpegel relativ niedrig gehalten werden, um die Entspannung zu fördern. Die meisten modernen Wohnungen sind überbeleuchtet: Beim Anknipsen des Lichts verflüchtigt sich jedwede Atmosphäre. Gedämpfteres Licht dagegen lässt satte Farben erst richtig leuchten und reduzierte Interieurs weniger eintönig erscheinen. In den meisten Wohnungen gibt es zudem zu wenige einzelne Lampen, was recht monoton und sogar bedrückend wirken kann. Erhöht man die Zahl der Beleuchtungskörper, erhält jeder Teil des Raums ein bisschen direktes Licht, und es entsteht eine Reihe diskret leuchtender Punkte, die den Blick in jede einzelne Ecke lenken. Stellt man in einem Raum mehrere Lampen auf, ergeben sich zudem faszinierende Kontraste aus Licht und Schatten – Muster, die auf Anhieb für Atmosphäre sorgen. Wollen oder müssen Sie sich trotzdem auf eine Hauptlichtquelle beschränken, sollte diese keinesfalls zu hell sein. Ein Dimmer ermöglicht es, den Lichtpegel dem jeweiligen Bedarf anzupassen.

Der moderne ethno-exotische Stil, der sich so häufig durch Farben ausdrückt, erwacht mit farbigem Licht erst richtig zum Leben. Natürlich sind hier nicht grell gefärbte Glühbirnen gemeint, sondern eine sanfte Tönung, die durch Abschatten des Beleuchtungskörpers mittels eines farbigen Schirms entsteht. Kolorierte Lampions und Lampenschirme aus bunter Seide oder anderen Textilien sind immer eine gute Lösung; Laternen im maurischen Stil mit dekorativen Buntglasfeldern können einen Raum stimmungsvoll bereichern.

Auch dekorierte Lichtquellen fördern ein exotisches Gefühl. Mit Lochmustern verzierte Metallschirme werfen faszinierende Schatten. Gelochte Papierschirme sind eine für jeden Geldbeutel erschwingliche Alternative. Auch die Textur kann eine Rolle spielen: Sackleinen oder ähnliches Gewebe und auch handgeschöpftes Papier besitzen eine natürliche Neutralität.

Wandleuchten, die zumindest einen Teil des Lichts auf die umliegende Wandfläche werfen, können die Farbwirkung fördern. Mehrere kleine Lampen aus Metall harmonieren hervorragend mit dem Stil, und mit Glasperlen geschmückte Schirme bringen zusätzliche Farbtupfer in den Raum, während frei aufgestellte Lampions einen dezenten Blickfang auf Bodenniveau bilden.

Weitere dekorative »Fußbodenleuchten« sind so genannte Steinlichter in organischen Formen. Wer es theatralischer mag, kann mit Lichterketten überraschende Effekte schaffen: Umrahmen Sie damit einfach eine Fenster- oder Türöffnung oder legen Sie sie über einen Schrank. Natürliches Licht in Form flackernder Kerzen, von Laternen oder offenem Feuer rundet den Ethno-Look perfekt ab. Die tanzenden Licht- und Schattenmuster an Wänden und Decken schenken jedem Raum zusätzliche Dimension. Gerade Kerzenlicht verfügt über eine ganz eigene Anziehungskraft. In wärmeren Klimazonen, wo Türen und Fenster weit offen stehen und ständiger Durchzug herrscht, verlöschen Kerzen allerdings sehr rasch. Hier kommt der Windschutz ins Spiel. Als simpelste Lösung empfiehlt sich ein einfaches Glas, in das die Kerze gestellt wird. Aufwendigere Möglichkeiten sind Sturmlaternen, auch mit Löchern versehene Metall- oder Keramikgefäße bieten Schutz.

Oben: Schwimmkerzen im Glas bilden eine märchenhafte Kombination und können selbst das kargste Ambiente verzaubern.

Links: Zahlreiche Teelichter ergeben immer einen ausgefallenen Blickfang. Diese kleinen Hängelaternen bestehen aus feinem Maschendraht, der mit perforiertem Papier ausgelegt wurde. Die Wirkung ist ebenso beruhigend wie sinnlich.

Optische Freuden

Eine ethno-exotische Dekoration zu finden, die zu zeitgenössischen Interieurs passt, dürfte keine Probleme bereiten. Das Angebot ist nahezu unüberschaubar, und angesichts der leblosen Uniformität zahlloser Fließbandprodukte überrascht es nicht, dass sich alles Handgefertigte immenser Popularität erfreut. So ist die Versuchung groß, beim Einkaufen übers Ziel hinauszuschießen und nicht nur Gegenstände von kulturellem Wert zu erstehen.

Tatsächlich sind die Grenzen zwischen Touristensouvenirs und genuinen Waren fließend. Und manchmal kann ein knalliges Kitschobjekt sogar genau das Richtige sein. Allgemein empfiehlt es sich jedoch, die Finger von jenen Massenprodukten zu lassen, die zu Tausenden auf Straßenmärkten und in Andenkenläden verkauft werden. Selbst wenn vieles davon tatsächlich in Handarbeit entstanden ist, fehlen ihm doch in aller Regel wahre Freude und künstlerische Finesse. Wer ernsthaft an Artefakten interessiert ist, wendet sich besser an namhafte Kunsthändler oder Importeure. Auch renommierte Geschäfte führen zunehmend hochwertige Produkte aus aller Welt. Wenn Sie Wert auf die Erhaltung traditioneller Handwerkskünste legen und wollen, dass der Gewinn nicht bei den Zwischenhändlern verschwindet, müssen Sie auf fairen Handel achten. Wem es um »Originalität« geht, der sollte bedenken, dass die Hälfte aller Touristen aus Tanger, Goa oder Phuket dieselben Andenken im Koffer hat.

Bei der Präsentation empfiehlt sich eine ähnliche kritische (Zurück-)Haltung. Es ist nicht nötig, sich auf Produkte aus einer bestimmten Region zu beschränken, aber ein wahlloses Durcheinander bringt niemals das gewünschte Resultat. Der goldene Mittelweg besteht in der Kombination von Objekten, die derselben ästhetischen Familie angehören – selbst wenn sie auf verschiedenen Kontinenten entstanden. Zu viel Zurückhaltung wiederum kann in einer optischen Sackgasse enden. Ein einziges Artefakt reicht niemals aus, einem ansonsten zeitgenössisch kargen Interieur jene Atmosphäre zu verleihen, die den modernen Ethno-Stil auszeichnet.

Farbe, Form und Mystik

Ein ganz offensichtlicher gemeinsamer Nenner bei der Zusammenstellung unterschiedlicher Objekte ist die Farbe. Exotische Farbakzente bilden stets einen heiteren Blickfang. Kommen Glanz und Schimmer hinzu, vervielfacht sich der Effekt: Spiegelmosaiken, perlenbesetzte Rahmen, mit winzigen Spiegeln bestückte Wandbehänge aus Rajasthan, mexikanische Zinndosen und geschliffene Türknaufe fangen das Licht ein und ziehen die Aufmerksamkeit auf sich.

Textur und Form sind ein weiterer Grundbaustein. Ohne Töpferscheibe gefertigte Gefäße aus Afrika, handgeschnitzte Holzteller, klobige Silberrahmen, gehämmerte Bronzeschalen und westafrikanische Kalebassen mit eingebrannten Mustern besitzen eine Ursprünglichkeit, die zum Anfassen einlädt und jede ethnoexotische Dekoration bereichert. Ausgesprochen schön wirken oft große Stücke, die diese elementaren Eigenschaften besonders hervorheben.

Viele Deko-Objekte exotischen Ursprungs repräsentieren eine bezaubernde Mischung aus Tradition und Moderne. Unter diese Art kreativen Recyclings fallen beispielsweise aus bunt ummantelten Elektrokabeln ge-

Oben: Diese Zulukörbe – geflochten aus bunt ummantelten Telefondrähten – sind ein attraktives Beispiel für kreatives Recycling. Körbe oder Schalen dieser Machart sind ebenso dekorativ wie praktisch – und nahezu unverwüstlich.

Links: Eine eklektische Mischung von Bildern in nicht minder bunt zusammengewürftelten Rahmen. Das tiefe Zinnoberrot der Wände erinnert an indische Interieurs.

Gegenüber: Wenngleich sie aus unterschiedlichen Kontinenten stammen, zeigen südamerikanische Kissen, mexikanische Kerzenhauben und afrikanische Schnitzereien eine gewisse Verwandtschaft und ergänzen sich zu einem augenfälligen Ensemble.

flochtene Zulu-Schalen, aus Getränke- oder Öldosen geformte kenianische Spielzeugflieger und aus Fahrradfelgen hergestellte Tiere oder Spielautomaten.

Auch Magie und Mystik können eine gewichtige Rolle spielen. Afrikanische Masken sind die wohl bekanntesten Ritualobjekte, doch jede Kultur verfügt über eigene Talismane und Totems, die Glück bringen und böse Geister in Schach halten sollen. Darstellungen von Augen (gegen Gefahren, die sich von hinten anschleichen) erfreuen sich besonderer Beliebtheit. Wer es makaber mag, kann mexikanische Gipsskelette oder andere Ornamente aufstellen, die an die Vergänglichkeit des irdischen Daseins erinnern. Indonesische Schattenspielpuppen – expressive Silhouetten aus mattgold überzogendem Karton – repräsentieren Götter und Göttinnen, und viele indische Postkarten zeigen das gesamte Pantheon der Hindugottheiten – von Rama und Shiwa bis hin zum elefantenköpfigen Ganesha. Noch weiter östlich steht Buddha im Zentrum der sakralen Kunst, geschnitzt, in Messing oder Bronze gegossen, immer jedoch in der charakteristischen sitzenden Pose.

Poster, Plakate, Geschenkpapier und jede Menge anderer Wandschmuck bedecken buchstäblich jeden Zentimeter dieser Küche, die dadurch zu einem regelrechten Schrein avanciert. Derart flächenfüllend ist das Dekor, dass die Küchengeräte selbst direkt in den Hintergrund rücken.

Links: In Kombination mit kleinen Öllämpchen erhält kunstvoll behauener Marmor geradezu tempelartigen Dekorationswert.

Ganz links: Vor einer schmucklosen Holztäfelung setzen diese gerahmten Banner kraftvolle optische Akzente.

Unten: Je schlichter der Kamin, desto exotischer darf die Dekoration mit ethnischen Artefakten ausfallen.

Bilder und Wandschmuck

Genau wie andere Objekte können auch unterschiedliche Arten von Bildern den modernen Ethno-Look begleiten. Zeitgenössische Kunst, vor allem kraftvolle, farbintensive Drucke oder abstrakte Kompositionen, passen ausgezeichnet zu ausdrucksstarken Dekorationskonzepten. In schwarze oder chromglänzende Rahmen gefasste Schwarzweißfotografien mit breitem Passepartout verleihen östlichen Interieurs ebenso grafischen Nachdruck wie japanische Kalligraphien oder einfache Tuschezeichnungen. Wenn Sie keine Angst vor Kitsch haben, können Sie mit indischen Filmplakaten experimentieren, deren expressive Grafik und leuchtende Farben exotischen Glamour in jeden Raum bringen. Wandbehänge aus mit Muscheln, Spiegelchen und Pailletten verziertem Stoff findet man in vielen ethno-exotischen Interieurs. Die künstlerische Qualität ist für den optischen Eindruck ebenso ausschlaggebend wie die Größe – ein großes Bild wirkt plakativer als viele kleine.

Standort

Das Gruppieren mehrerer Objekte steigert in aller Regel deren dekorative Wirkung und unterstreicht zugleich ihre optische Zusammengehörigkeit. Für kleinere Gegenstände gilt dies ganz besonders. Beim Floor-Level-Living verlagert sich der Schwerpunkt nach unten, und der Fußboden selbst wird hier zur Ausstellungs-

fläche. Große Töpfe, Schüsseln, Teller und Urnen sorgen für interessante Blickpunkte, während sich tiefer angebrachte Regale für Sammlungen von Gegenständen anbieten, die entweder in einer Reihe oder in Grüppchen aufgestellt werden. Auch gerahmte Bilder machen sich an diesen Stellen gut, während kleinere Habseligkeiten geschmackvoll auf Tabletts oder in flachbodigen Holzschalen präsentiert werden. Als Wandschmuck dienen Bilder, Foto- und Kalligrafien, Wandbehänge und andere dekorative Textilien, wobei auch hier ein großes Objekt oder mehrere kleine effektvoller wirken als eine einsame kleine Collage oder Skizze inmitten einer sonst leeren Wandfläche.

Wem es gefällt, der kann eine Idee aufgreifen, die in vielen Kulturen üblich ist, und Objekte in einer Art Schrein platzieren. Nischen und Alkoven mit Gegenständen von sakraler oder künstlerischer Bedeutung findet man in aller Welt. Alternativen dazu wären ein dreidimensionaler Rahmen oder eine flache, farblich abgehobene Vertiefung in der Wand als Schaukasten für eine besonders schöne Vase oder eine Kollektion steinerner Gottheiten. In Japan beschränkt man sich bei der Dekoration ganzer Räume auf solche herausragenden Einzelstücke. Im abendländischen Kulturkreis erfüllen mehr oder minder schlichte Vitrinen denselben Zweck.

Oben: Eine zum Beistelltisch umfunktionierte flache Holztruhe bildet den perfekten Standort für eine Sammlung antiker Steinvasen. Der Sofabezug im Tigerlook signalisiert ethno-exotisches Flair.

Rechts: Kubistische Möbel und geradlinige, fast klobig wirkende Lampenfüße sind hier essenzieller Bestandteil des modernen Ethno-Styles.

Tischdekoration

Exotisch oder ethnisch inspiriertes Geschirr und Sets bringen die weite Welt ins Speisezimmer. Genau wie Küchenutensilien tragen sie dazu bei, Speisen und Aromen fremder Kulturen zu genießen, bei denen das Ambiente häufig eine kaum geringere Rolle spielt als die Gerichte selbst. Hier ist es möglich, verschiedene Kulturen untereinander – auch mit westlichem Besteck – zu kombinieren.

Fernöstlichen Minimalismus erreicht man durch Konzentration auf das Wesentliche – puristisches Porzellan und schmucklos-schlichte Dekoration. Gerade in Japan gilt die Präsentation der Speisen als Kunst für sich: Exakt geschnittene und arrangierte Zutaten werden zu grafischen Bildern. In der japanischen und chinesischen Küche haben Schüsseln und Schalen den Vorzug vor Tellern. Einfaches weißes Porzellan, japanische Nudelschüsseln aus Craqueléporzellan und blau-weiße Reisschalen aus China dienen als vielseitiges Servier- oder Essgeschirr. Kleine Töpfe, längliche Platten und flache Schälchen für Saucen schmücken den Tisch, und elegant auf Porzellan- oder Lackbänkchen platzierte Essstäbchen vervollständigen das formelle Arrangement.

Indische und andere südostasiatische Gerichte werden traditionell mit den Fingern gegessen, mit Fladenbrotstücken gelöffelt oder in große Blätter gefaltet.

Tischdekoration im Zen-Stil präsentiert sich stets in kühlem Understatement und dezenter Eleganz. Hier prägt ein schmuckloser roter Tischläufer das Bild, von dem sich die gedämpften Töne des Geschirrs abheben. Dekorativ auf der Schale platzierte Essstäbchen runden das formelle Arrangement ab.

Serviert wird gewöhnlich in kleinen Schalen oder Bambuskörbchen, die häufig auf runden Tabletts stehen.

Keramikschälchen, irdene Kasserollen und Platten aus Metall ergänzen die verführerischen Aromen der marokkanischen Küche sowie die deftigeren, würzigen Gerichte lateinamerikanischen Ursprungs. Tiefblaue Glasuren bringen die leuchtenden Zitrusfarben frischer Limonen und Orangen optimal zur Geltung; unglasiertes Terrakottageschirr, für Gerichte direkt aus dem Ofen, gewinnt mit jeder Benutzung an Patina. Wunderschön wirken große Platten mit auffälligen handgemalten Mustern und Motiven, unregelmäßige mundgeblasene Gläser vervollkommnen den ethnischen Look.

Porzellan und Gläser wirken optimal, wenn keine auffälligen Tischdecken verwendet werden. Meist eignen sich schlichte Flechtmatten besser als die üblichen Tischdecken. Ein langer Läufer bildet ein dekoratives Mittelstück, auf dem Schüsseln und Schalen Platz finden. Experimentieren Sie mit Schilf- oder Bambusmatten oder Decken mit ethnischen Kreuzstichmotiven in fröhlichen Farben.

Ein Ensemble, dessen optischer Reiz rein von der Textur getragen wird. Die Kombination harmonierender Oberflächen, die sich im Grunde nur strukturell unterscheiden, gehört zu jenen »Tricks«, die niemals an Wirkung verlieren.

Sinnliche Elemente

Düfte, Töne und »lebende« Deko-Objekte spielen eine fundamentale Rolle für jedes Interieur. Der Geruchssinn – kein anderer unserer Sinne vermag ähnlich starke Assoziationen zu wecken – kann Menschen innerhalb von Sekundenbruchteilen in eine andere Welt entführen. Duftkerzen, Aromalämpchen und Räucherwerk, einst Kennzeichen der »Hippie-Ära«, sind heute Produkte eines boomenden Industriezweigs, und es ist allgemein bekannt, dass natürliche Duftstoffe direkten Einfluss auf unsere Stimmung nehmen. Im Gegensatz zu der floralen Süße traditioneller Potpourris reicht das Spektrum echter ätherischer Essenzen von würzigem Kardamom über fruchtige Zitrusaromen bis hin zu Moschus; überflüssig zu sagen, dass ausschließlich naturreine Aromaöle verwendet werden sollten. Nur sie vermitteln echtes Wohlgefühl und erfreuen Geist und Körper auf subtilste Weise. Die meisten ätherischen Öle entfalten ihr Aroma am effektivsten beim Verdampfen in einer Duftlampe. Sie können die Öle einzeln einsetzen, fertige Mischungen kaufen oder – und das ist am individuellsten – eigene Duftkombinationen kreieren.

Geräusche sind ein weiteres evokatives Element. In warmen Ländern dringt das muntere Plätschern eines Brunnens aus dem Innenhof in die Wohnräume und bringt etwas Natur ins Haus. Eine ähnliche Verbindung zwischen Drinnen und Draußen schaffen Windspiele, die unterschiedliche Töne erzeugen und entsprechende Assoziationen wachrufen – vom hohen Klimpern dünner Messingstäbe bis zu den eher sonoren, hohlen Klängen von Bambus.

Eine noch engere Beziehung zur Außenwelt schaffen Grün- und Blühpflanzen sowie Sammlungen natürlicher Objekte. Arrangements tropischer und subtropischer Stauden wie Strelitzie (Paradiesvogelblume), die distelartige Protea (Schimmerbaum) oder Orchideen werden am besten einzeln oder in kleinen Gruppen dort präsentiert, wo ihr ausgefallener Dekorationswert voll ins Auge fällt. Üppig grünen Miniaturwiesen gleich, können Schalen mit selbst gezogenem Weizen die einfallslosen, mittlerweile geradezu bieder wirkenden Farne ersetzen. Und Kollektionen von glatt geschliffenen Steinen oder selbst gesammelten Muscheln, in ein Kieselbett gesteckte Kerzen oder zwischen Blüten in flachen Wasserschalen schwimmende Teelichter tragen zu einem Ambiente bei, das fernöstliche Ruhe verströmt.

Beschränkung statt Überfluss äußert sich in diesem Arrangement aus einer einzelnen Orchidee im schmucklosen Tontopf und glatt geschliffenen, flachen Steinen.

TISCHLÄUFER AUS KATTUN

Dieser Tischläufer wird zum Blickfang jedes ethno-exotischen Arrangements. Auf den Kattun (schwerer Musselin) wird freihändig ein simples Dessin gezeichnet und mit Stofffarbe ausgefüllt. Ein einfacher Stempel, aufgenähte Glasperlen und Fransen verleihen einen zusätzlichen Ethno-Touch.

Damit der Läufer dicker erscheint, wird der Kattun doppelt genommen und nur auf einer Seite dekoriert. Der Stempel ist rasch aus einem Radiergummi oder einer Kartoffel gefertigt, Glasperlen gibt es in vielen Farben und Formen.

MATERIAL UND WERKZEUG

Kattun in gewünschter Länge, Schere, auswaschbarer Musterstift, Stofffarbe in Orange, Rosa, Rot und dunklem Purpur, 2 Pinsel (2,5 cm und 12 mm breit), Stempel aus einem Radiergummi, Linolschneider, Schaumstoffwalze, dickes Glanzgarn und Nadel, Glasperlen nach Geschmack.

ARBEITSSCHRITTE

Den Kattun mit der Hand oder in der Maschine waschen, um die Imprägnierung zu entfernen. Trocknen lassen und bügeln. Ein Stück Stoff in der doppelten Breite des gewünschten Endmaßes zuschneiden, dabei seitlich und in der Länge genügend zum Säumen zugeben. Den Stoff mittig falten und bügeln, damit die Mittellinie sichtbar wird.

Aus einem Radiergummi mit Hilfe eines Linolschneiders einen Stempel anfertigen (fertige Gummistempel sind auch im Fachhandel erhältlich). Mit einer Schaumstoffwalze die violette Farbe auf den Stempel aufbringen. Den Stempel auf einem übrigen Stück Stoff ausprobieren, dann erneut einfärben und das Motiv in regelmäßigen Abständen auf der rosafarbigen Wellenlinie aufdrucken. Den Stempel immer wieder nachfärben.

❶ Mit einem Stift das Dessin auf eine Seite des gefalteten Kattuns zeichnen.

❷ Den vorgezeichneten Konturen folgend mit dem 2,5 cm breiten Pinsel und oranger bzw. rosa Stofffarbe breite Wellenlinien malen. Dann mit der roten Farbe und dem 12 mm breiten Pinsel eine Randleiste arbeiten. Jede Farbe vor dem Auftragen der nächsten immer vollständig trocknen lassen.

❸ Sobald die Farbe trocken ist, mit Glanzgarn durch die Zentren der Stempelmotive im Heftstich eine Wellenlinie arbeiten. In der Mitte jedes Motivs drei kleine Perlen einnähen. Damit die Perlen fest sitzen, zwischen ihnen jeweils einen Einzelstich arbeiten. Den Kattun umdrehen und die offene Naht mit der Maschine steppen. Den Stoff wieder auf Rechts wenden. Zuletzt an beiden Enden des Läufers je ca. 12 mm ausfransen.

LAMPENSCHIRM AUS STRICKSTOFF

Nach dem Vorbild traditioneller chinesischer Lampions gearbeitet, bringen diese Lampenschirme augenblicklich Atmosphäre in Ihr Heim. Das gedämpfte Grün und Beige des gefärbten Wolltrikots erinnert an Bambus und ergänzt ein primär weißes Dekorationskonzept um einen warmen Farbton.

Die Ringe für Lampenschirm und Lampenfassung gibt es in Durchmessern bis 50 cm im Fach- oder Versandhandel. Baumwoll- oder Wolltrikotschlauch ist in Geschäften für Autozubehör (als Polierschlauch) oder in gut sortierten Stoffläden erhältlich. Je nach Größe und Position der Ringe entstehen verschiedene Lampenformen. Verwenden Sie aus Sicherheitsgründen keine Ringe mit einem Durchmesser unter 15 cm und setzen Sie keine Glühbirne mit mehr als 40 Watt ein. Die folgende Arbeitsanleitung gilt für einen 30-cm-Lampenschirm mit 2 bis 3 Ringen (siehe Abbildung links).

MATERIAL UND WERKZEUG

Baumwoll- oder Wolltrikotschlauch, Bandmaß, Schere, Stofffarbe, 1 Lampenfassung mit Befestigungsring (Durchmesser 30 cm), Nähgarn, Nähnadel und Stecknadeln, 2–3 einfache Lampenschirmringe (Durchmesser 30 cm), Tischtuchhalter.

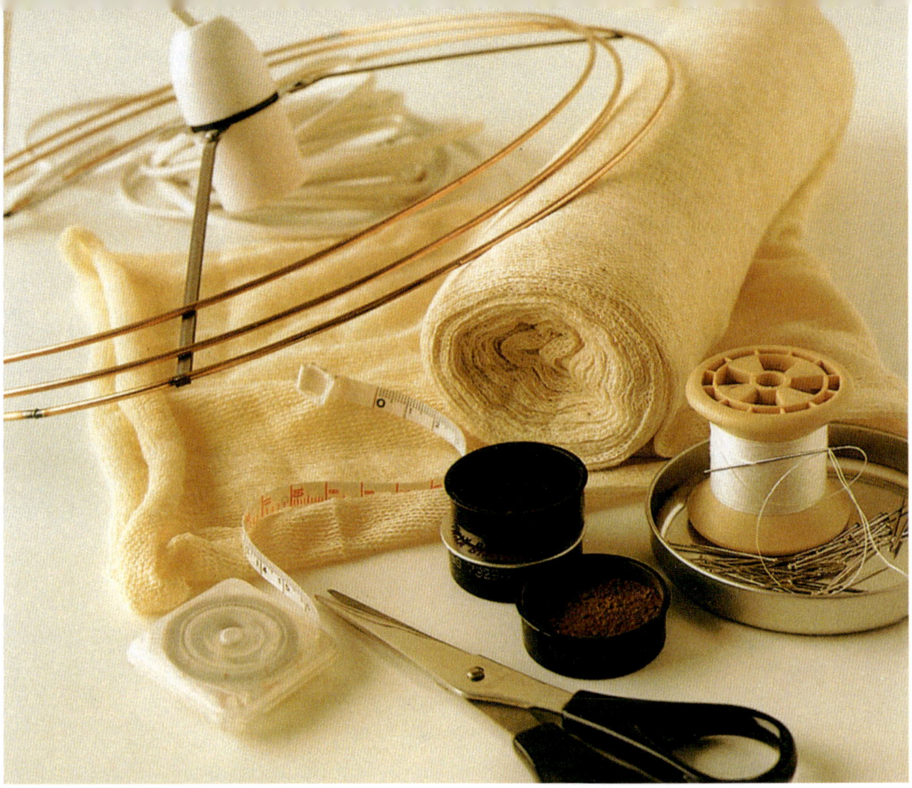

ARBEITSSCHRITTE

Zuerst entscheiden, wie lang der Lampenschirm werden soll. Den Trikotschlauch auf die doppelte Länge zuschneiden und als Nahtzugabe pro Ring 12 mm addieren. Den Stoff nach Anleitung einfärben und trocknen lassen.

❶ Den Stoffschlauch ineinanderstecken, so dass das Material doppelt liegt. Den Ring mit der Lampenfassung am oberen Ende auflegen. Einen 12 mm breiten Saum umfalten, feststecken und dann festnähen (bei diesem dehnbaren Stoff ist ein leichter Zickzackstich geeignet).

❷ Der erste Ring lässt sich leichter anbringen, wenn Sie den Lampenschirm aufhängen. Nun den Stoff auf 17 cm unterhalb des Lampenringes herabziehen. Dann den Ring unter die doppelten Stofflagen schieben, von außen feststecken und annähen.

❸ Den zweiten und dritten Ring wie oben beschrieben im gewünschten Abstand bzw. am Ende des Schlauches anbringen. Eventuell übrigen Stoff abschneiden, aber ca. 2,5 cm Nahtzugabe einkalkulieren. Mit der Maschine im Zickzackstich versäubern. Am untersten Ring Tischtuchhalter anklippen und den Lampenschirm »aushängen« lassen.

KUPFERROHR-WINDSPIEL

Nach den Regeln des Feng Shui kann ein Windspiel die Wohnharmonie in der unmittelbaren Umgebung signifikant erhöhen. Das Verhältnis Fenster zu Türen in einem Raum spielt nach dieser uralten chinesischen Kunst der richtigen Platzierung eine wesentliche Rolle.

In Zimmern, in denen die Anzahl der Fenster die der Türen um mehr als das Dreifache übertrifft, kann – so heißt es – ein Windspiel über der Tür das Gleichgewicht wieder herstellen und die Harmonie fördern. Auf jeden Fall aber wird dieses Windspiel beruhigende Klänge in Ihr Heim bringen. Das hier vorgestellte Klangspiel besteht aus Kupferdraht, Kupferrohr, einer starken Nylon-Angelschnur und Glasperlen. Die Tonhöhe der erzeugten Klänge hängt übrigens von der Länge der Rohre ab, Sie können dieses Wind-Instrument also nach eigenem Geschmack »stimmen«.

MATERIAL UND WERKZEUG

6 Stücke Kupferrohr (Durchmesser 2 cm, Länge 20, 25 und 30 cm oder nach Wahl, achten Sie aber auf die Harmonie), Schleifpapier, Stahlwolle, Messing- oder Kupferpolitur, weicher Lappen, Weinkorken, Hammer und Nägel, Kombizange, Kupferdraht (Durchmesser 2 mm und dünner), Nylon-Angelschnur (Durchmesser 0,2 mm für 2,7 kg Tragfähigkeit), Glasperlen.

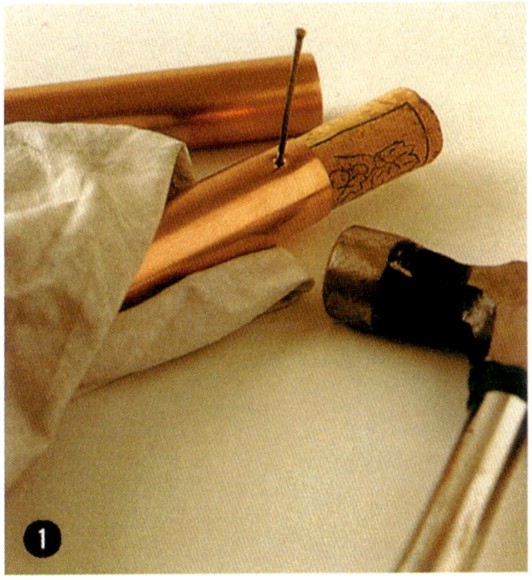

1

ARBEITSSCHRITTE

Zuerst mit Sandpapier die Enden der Kupferrohre glatt schleifen. Die Kupferrohre zunächst mit Stahlwolle und dann mit einem weichen Tuch und Messing- oder Kupferputzmittel polieren.

❶ Etwa 6 mm vom oberen Ende jedes Rohrs 2 kleine einander gegenüber liegende Löcher stechen. Dazu einen Korken in das Rohr stecken, damit sich dieses nicht verbiegt, und einen kurzen Nagel einschlagen, der anschließend mit der Zange wieder herausgezogen wird.

❷ Mit der Zange 8 Stücke Draht zuschneiden (4 x ca. 35 cm und 4 x ca. 50 cm Länge). Jeweils beide Enden mit der Zange zu Schnecken formen. Die 8 Drahtstücke zusammenlegen und mit dünnerem Kupferdraht umwickeln.

❸ Die Angelschnur durch die Löcher der Kupferrohre führen, verknoten und die Rohre an den Kupferdrahtschnecken befestigen. Evtl. müssen einige Schnecken neu gebogen werden, damit alle Rohre im Gleichgewicht hängen. Wenn Glasperlen die Rohre als zusätzliche Dekoration abschließen sollen, müssen dafür weitere Löcher gestochen werden (siehe Schritt 1).

2

3

MÖBEL & ACCESSOIRES

Conran Shop
im Stilwerk
Große Elbstr. 68
22767 Hamburg
Tel.: 040/30 62 13 22
Fax: 040/30 62 13 33

Design International
im Bauwens-Haus
Burgplatz 2
04109 Leipzig
Tel.: 03 41/2 11 34 12
Fax: 03 41/2 11 05 82

Samt & Sonders
Esslinger Str. 14
70182 Stuttgart
Tel.: 0711/23 34 16
Fax: 0711/23 48 058

Rosenthal
Studiohaus
Goethestr. 1
60313 Frankfurt am Main
Tel.: 069/28 85 90

Radspieler
Hackenstr. 7
80331 München
Tel.: 089/235 09 80
Fax: 089/24 62 17

Gärtner
Internationale Möbel
Große Bleichen 23
20354 Hamburg
Tel.: 040/3 56 00 9-0
Fax: 040/3 56 00 9-35

Laura Ashley GmbH
Hunsrücker Str. 43
40213 Düsseldorf
Tel.: 0211/864 87 32
(in 18 deutschen Städten)

BODENBELÄGE:

Natural Fibres
Naturteppiche GmbH - Versand
Adalbertsteinweg 8
52070 Aachen
Tel.: 02 41/51 82-238
Fax: 02 41/51 82-239

EcoFloor Naturboden GmbH
Postfach 1222
91252 Pegnitz
Tel.: 09241/9913-0
Fax: 09241/9913-33

Vaeverie Einrichtungen GmbH
Blutenburgstr. 82
80636 München
Tel.: 089/1 29 19 77

KÜCHEN

Poggenpohl Möbelwerke GmbH
Poggenpohlstr. 1
32051 Herford
Tel.: 0 52 21/3 81-0

Bulthaup GmbH & Co Küchensysteme
84153 Aich
Tel.: 0 87 41/8 00
Fax: 0 87 41/8 03 09

FLIESEN

Die Fliese
art + design + verlegung
Münchener Str. 3
85737 Ismaning
Tel.: 089/96 24 01-0
Fax: 089/96 24 01-40

Gailing Frankfurt
Hainbuchenstr. 14a
60529 Frankfurt am Main
Tel.: 069/35 04 65
Fax: 069/35 73 99

TEXTILIEN

Habitat
Neumarkt 12
50667 Köln
Tel.: 0221/920 15 00
Fax: 0221/920 15 015

Designers Guild
Dreimühlenstr. 38 a
80469 München
Tel.: 089/231 16 20
Fax: 089/231 16 2 66

JAB Anstoetz Stoffe
Potsdamer Str. 160
33719 Bielefeld
Tel.: 0521/2 09 30
Fax: 0521/2 09 33 88

Galerie Mashallah
Schellingstr. 52
80799 München
Tel.: 089/27 81 80 33

Ikea
01805/5152

VORHÄNGE, ROLLOS ETC.

Kämpfer Decor AG
Frutigenstr. 7
CH - 3602 Thun / Schweiz
Tel.: 0041-33 223 13 83
Fax: 0041-33 222 85 68

Bierfelder
Raum & Design
Apothekenstr. 11-13
91301 Forchheim
Tel.: 0 91 91/1 35 55
Fax: 0 91 91/8 94 08
(auch Gardinen usw.)

FARBEN

Naturpinsel
Langenmarckstr. 73-75
28199 Bremen
Tel & Fax: 04 21/50 16 72

Artservice Künstlerbedarf GmbH
Berlinerstr. 1-3
04105 Leipzig
Tel.: 03 41/9 80 48 43
Fax: 03 41/9 80 04 43

Die Dritte Haut GmbH
Venloer Str. 59
50672 Köln
Tel.: 02 21/52 54 12
Fax: 02 21/52 98 49

Künstlerbedarf Boesner GmbH
Girlitzweg 30
50829 Köln
Tel.: 02 21/94 97 77 11
Fax: 02 21/94 97 77 44

Gesund & Farbig
Naturbauhaus
Fleethörn 59
24103 Kiel
Tel.: 04 31/97 02 88
Fax: 04 31/97 02 66

Farben Klotz
Nymphenburger Str. 184
80634 München
Tel.: 089/16 30 31
Fax: 089/1 67 87 53

Ingolf Quente
Farben und Künstlerbedarf
Friedrichstr. 21
91054 Erlangen
Tel. & Fax 0 91 31/2 37 75

Farben Schäffner
Hospitalstr. 15
70174 Stuttgart
Tel.: 07 11/22 10 95
Fax: 07 11/29 50 11

BELEUCHTUNG:

Ramlau & Siebert
licht + design GmbH
Steinbruchweg 2
53227 Bonn
Tel.: 0228/429919-0
Fax: 0228/4222516

Lichtgalerie
Steinstr. 24
81667 München
Tel.: 089/4 48 75 11
Fax: 089/4 48 88 92

Brendel
Leuchten GmbH & Co.KG
Mecklenburgische Str. 28
14197 Berlin
Tel.: 030/35 48 16 58
Fax: 030/35 48 16 61

Beleuchtungshaus WIGE
Zülpicher Str. 323
50937 Köln
Tel.: 0221/941 80 20
Fax: 0221/941 80 22

Fettgedruckte Zahlen verweisen auf Abbildungen

A
Aborigines-Kunst als Inspiration 29, 38–39
Acessoires, exotische 48
Afrikanische Einflüsse 8, 13 f., 127
 Farben 22
 Motive **26**, 29, **34**
 Schablonierte Tierbordüre (Projekt) 40 f.
 Teppiche 60
 Tische **58**
Arbeitsflächen
 Geflieste (Projekt) 114 f., **114**
 Küche 110
Aufgeklebte Dekoration, Wände 31
Auslegware 58
Außenwände, farbiger Anstrich 9
Australien 73 f.
 siehe auch Aborigines-Kunst

B
Badezimmer **10, 34, 55, 57, 108, 109**, 110 f., **110, 113**
Balinesischer Stil **102**
Bänke 101
Barragán, Luis 23
Batikfarben 82
Baumwolle 9, 12, 33, 81
Beleuchtung, dekorative *siehe* Licht
Bemalter Zementboden (Projekt) 64 f.
Beton *siehe* Zement
Betten 104 f., **104, 105**
Bettbehänge 104, **105**
Bettwäsche **98**, 106, 107
Bezugsquellen, Verzeichnis 140 f.
Bilder 25, 129
Blechdosen, flachgehämmert als Wandverkleidung **33**
Blumen **101**, 133, **133**
Bodenbeläge *siehe* Fußbodenbeläge
Bowles and Linares 16
Brunnen, Springbrunnen **10, 105**, 133
Buddha 128
Buenos Aires **22**
Buntglas **79**

C
Chiffon 81
Chinesische Einflüsse 10, 98
 Teppiche 62
 Textilien 107
 Tischdekoration 131
Chinoiserie 10
Couchtisch, quadratischer (Projekt) 118 f., **118**

D
Dachgeschossräume **98**
Dekorative Beleuchtung 123 f.
Dekorative Innenläden (Projekt) 90 f.
Dekorieren mit Farbe 26 ff.
Dekostoffe 106 ff.
Dhurries 62
Dielen 26, 50
Divans 104
Drinnen und Draußen **17**, 73 f., 98
Düfte 133
Duschen 110, 111

E
Eklektizismus 11, 15 f., **127**
Emulsionsfarben 25
Esszimmer **101**
 Präsentation **131**, 132, **132**
Ethnische Inspirationen 9, **13**, 14, 15, **16**
 Artefakte **129**
 Motive **21**
Exotische Einflüsse 8, 10 ff.
Exotische Importe 11

F
Falt- und Klappläden 85
Farbe 20 ff., 124
 als Außenanstrich 9
 an Türen 86
 an Wänden 20 ff.
 Arten 25
 bei der Präsentation 127
 Bemalter Zementboden (Projekt) 64 f.
 Dekorieren 26 ff.
 Gemalte Fensterumrandung (Projekt) 38 ff.
 in Küchen 110
 in Zement 50
Feng Shui 98, 138
Fenster **72, 75, 77, 79**
Fenster und Türen 68 ff., **91**
Fensterläden 71, **77**, 84, 85, 90 f.
Fensterumrandung, gemalte (Projekt) 38 f., **38**
Filtern von Licht 78 f., **79**
Flechtkörbe, afrikanische **49, 127**
Fliesen *siehe* Kacheln
Fliesenlegen 34 ff., **34**, 36, 108
Floor-Level-Living 46, 94 f., **97**, 100, 102
Friese 23
Fung, Spencer 16, **61**
Fußböden 44 ff.
 als Sitzplatz **50**
 Bemalter Zementfußboden (Projekt) 64 f.
 Kacheln 53
 Schiefer-Keramik-Boden (Projekt) 66 f.
Fußbodenbeläge aus Linoleum und Kunststoff 57
Fußbodenheizung 46, 52
Fußbodenleiste mit Paillettenschmuck (Projekt) 42 f.
Fusuma 86
Futons 104, **104**

G
Geflieste Arbeitsfläche (Projekt) 114 f.
Gemalte Fensterumrandung (Projekt) 38 f.
Geometrische Muster **10, 26, 34, 36, 57**
Geruchssinn 133
Gitterwerk 72, 78
Glasbausteine als Fußbodenbelag **56**
Glasperlen 88 f.
Gummi-Bodenbelag 57

H
Haiti, Türgestaltung **71**
Handabdrucke 29
Handgefertigte Waren 14, 17, 126
Handgeknüpfte Teppiche 62
Hindu-Gottheiten 128
Hippie-Ära 14, 15, 133
Hocker 101
Holz 49 f., **50, 97**
 Beize 49
 Umweltschutz 17
Holzarten 49
Holzböden
 Behandlung 49 f.
 Gestrichene, lackierte 50
 Parkett **48**

I
Imperialismus 11, 14
Indianer 17
Indien 13, **127**, 128
 Farben 22
 Gitterwerk **71**
 Küche und Servieren 131
 Möbel 94 f., 102
 Saristoffe 82, 107
 Sockelleiste 42 f.
 Textilien **9**, 10, 33, 81, 82, 107, 127
Indonesische Einflüsse 10 f., **97**
Innenhöfe als Wohnraum **75**
Innenläden, dekorative (Projekt) 90 f.
Installationen und Einbauten 109 ff.
Islam
 Dekoration 29
 Keramiken 34, 36
 Stellung der Frau 73
Iznik-Kacheln 37

J
Jalousetten 71, 78, 84, 85
 aus Bambus 84
 aus Naturholz **84**
Japan
 Badekultur 110 f.
 Betten 104, **104**
 Holzschnitte 12
 Kalligraphie **29**
 Küche und Tischdekoration 131
 Möbel 94, 95, **99**
 Nischen 130
 Zen 73, 97, **131**
Japanoiserie 12, 13, 15
Jugendstil 15
Jute, Bodenbeläge **58**, 59
Jute, Textilien 81

K
Kacheln **10, 13, 15**,
 als Fußbodenbelag **47**, 53 ff., **53, 54**
 als Wandverkleidung 34 ff., **34, 36, 108**
Kalkstein 52
Kalligraphie, als Wanddekoration 29, **29**
Kambodscha, Textilien 107
Kamine, offene **129**
Karibische Farben 22, 110
Kattun (schwerer Musselin) 81
Kattun-Tischläufer (Projekt) 134 f.
Kauf-Ethik 17
Kelims 62
Keramik
 Essgeschirr **12, 131**
 Präsentation 131
Keramikfliesen, fabrikgefertigte Massenware 55
Kerzen und Kerzenlicht **10, 122**, 125, **125**
Kieselsteine 52, 133, 133
Kissen **95**, 97, 102, 105, **107**
Kleiderstoffe als Vorhangstoffe 81
Klima, Einfluss auf Tür- und Fenstergestaltung 71
Kolonialismus **15**
Kopfsteine 52
Körbe
 afrikanische 49, 127
 geflochtene **16, 113**
Kubismus **130**
Küchen **37, 108**, 109 f., **113, 128**
 Farbe 110
Küchengeräte 110
Kupfer-Windspiel (Projekt) 138 f.

L
Lacke 32
Lamellenläden **85**
Lampen **124**, 130
Lampenschirm aus Strickstoff (Projekt) 136 f., **136**
Lampenschirme 108, 124
Lateinamerikanische Einflüsse 22, 33, 53, 60
Laternen/Lampions 123, 124, 125
 Metall **72**
 Papier **123, 125**
Leder 106

Leinen 81, **98,** 106 f., **107**
Leuchter **13,** 22
Liaigre, Christian 16
Liberty, Arthur Lasenby 12 f.
Licht 123 ff., **123, 124**
Licht und Präsentation 120 ff.
Lichterketten **124**
Lichtpegel 124
Linoleum **47,** 57, **57**
Luftziegel **79**

M
Magie 128
Majolika 36
Marmorfußboden 52, **55**
Marokkanischer Stil 16
  Blaue Farbe 25, 50
Masken, afrikanische 128
Matratzen 104
Matten aus Naturfasern 59
Maurische Einflüsse 8, 10, 11, 13, 34, 59, 79
  Lampen 124
  Möbel 102
  Wanddekoration 30
Mediterrane Farben 21 f.
Mexikanischer Stil 16, 50, **63,** 127, 128
  Farben 22, 23
  Kacheln 54
  Teppiche 62, **63**
Minimalismus **46,** 97
Möbel und Accessoires 92 ff.
  Betten 104 f.
  Dekostoffe 106 ff.
  Einrichten 97 ff.
  Installationen und Einbauten 109
  Stauraum 112 f., **113**
  Tische und Stühle 100 ff.
Moderner Wohnstil 9, 20, **102, 130**
Mosaiken als Wandschmuck **36,** 37
Mosaikfußböden 56
Musselin
  Bettbehänge **105**
  Vorhänge 53, 61, **78, 81,** 82
  Wandbehänge 33
Muster
  Freihändig gezeichnete 29
  Wanddekoration 26, 27, 29
Mystizismus 128

N
Naturfasern, Bodenbeläge 58 f., **58**
Navajo-Teppiche 62
Nordafrika 10, 55, **86**
  Motive **53**

O
Offene Grundrisse 98 f.

P
Pailletten als Wandschmuck 31
Pailletten-Schmuckleiste (Projekt) 42 f., **42**
Paisley 12
Paravents *siehe* Wandschirme
Parkett *siehe* Holzfußböden
Patios **74**
Perlschnurvorhang (Projekt) 88 f., **88**
Perlschnurvorhänge **87,** 88 f., **88**
Perserteppiche 62
Persische Kacheln 34
Plakate 129
Plexiglas 86, 88
Präkolumbianische Kunst 14
Präsentation
  Bilder und Wandschmuck 129
  Einrichtung 129 f.
  Farbe, Form und Mystik 127 f.
  Sinnliche Elemente 132, 133, **133**
  Tischdekoration 131, **131**
Pressspanplatten 90
Primitive Kunst 13 f.
Projekte
  Bemalter Zementboden 64 f.
  Dekorative Innenläden 90 f.
  Geflieste Arbeitsfläche 114 f.
  Gemalte Fensterumrandung 38 f.
  Kupfer-Windspiel 138 f.
  Lampenschirm aus Strickstoff 136 f.
  Pailletten-Schmuckleiste 42 f.
  Perlschnurvorhang 88 f.
  Quadratischer Couchtisch 118 f.
  Rustikaler Wandschirm 116 f.
  Schablonierte Tierbordüre 40 f.
  Schiefer-Keramik-Fußboden 66 f.
  Tischläufer aus Kattun 134 f.
Pueblo-Teppiche 62
PVC-Fußbodenbeläge 57, **57**

Q
Quadratischer Couchtisch (Projekt) 118 f.

R
Rahmen (Umrahmung der Aussicht) 73 ff.
Regalwände 113, **113**
Reiseandenken 126 f.
Ritualobjekte 128
Rollo
  Bambus **84**
Rustikaler Wandschirm (Projekt) 116 f.

S
Sackleinen 32, 81
  Lampenschirm 124
  Sichtschutz 85
  Vorhänge **81**
Sandstein 52
Saristoffe 82, 107
Schablonieren 29
Schablonierte Tierbordüre (Projekt) 40 f., **40**
Schabracken 77, **82**
Schiefer 51 f.
Schiefer-Keramik-Boden (Projekt) 66 f., **66**
Schlafzimmer **49, 58, 107**
Schlichtheit 13, 14, 15, 25, 97
Schmiedeeisen 86
Schränke 112 f.
Schranktüren 110
Seegras, Fußbodenbelag 58, 59
Segeltuch 81
Seide 81
Sisal 59
  Fußbodenbelag **58,** 59, **59**
Sitzmöbel, exotische **17, 48**
Sitzmöbel und Tische 100 ff., **101**
Souvenirs 126 f.
Speisezimmer 101
Stauraum 112 f., **113**
Stein 51 f., **57**
Steinfußböden **53, 57**
Stoffe
  als Wandverkleidung 33
  an Tür- und Fensteröffnungen 81 ff., **81, 82, 84**
  siehe auch Textilien
Stühle **49, 101**
  siehe auch Sitzmöbel und Tische
  Symmetrie 98

T
Tagbetten **102, 105**
Tapeten 32
Tatami-Matten 59, **99,** 101, 104, **104**
Teppichboden 48, 56, 58, **58,** 60 ff., **61**
Teppiche
  als Wandschmuck 33, 61
  aus Naturfasern 59
  Geknüpfte 62
Terrakottafliesen **10, 22,** 53 f.
Terrazzo **54,** 56 f., **56**
Textilien 9
  in der Küche 131, **131**
  Indische **9**
  siehe auch Accessoires
Tibet-Teppiche 62
Tiere als Dekomotiv 29
Tischdekoration 131, **131**
Tische und Stühle 100 ff., **101**
Tischläufer **131**
  aus Kattun (Projekt) 134 f., **134**
Treppen 22, 50
  aus Stein **22, 50**
  aus Zement **46, 75**
Tropenhölzer 49
  Umweltschutz 17
Truhen 112 f., **130**
Türen, dekorative 86
Türen und Fenster 68 ff.
Türöffnungen **70, 71, 72**

U
Umweltbewusstsein 17

V
Ventilatoren, Decken- 53
Verdunkelung 78, 85
Verputz/Stuckarbeiten 30 f., **31**
Viktorianische Interieurs 13, 15, 97
Voile 81
Vorhänge 81, **81**
  Perlschnurvorhang (Projekt) 88 f.
Vorhangstoffe 81

W
Wandbehänge **29**
Wände **13,** 18 ff., **21, 22, 25, 26, 27, 29, 31, 33, 34, 36**
  Aufgeklebte Dekoration 31
  Dekorieren mit Farben 26 ff.
  Farbe 20 ff.
Wandfarbe 20 ff.
  Arten 25
Wandleuchter 124 f.
Wandmalereien 27
Wandschirm, Rustikaler (Projekt) 116 f., **116**
Wandschirme 78, 85, 86, 99, **99,** 116 f.
Wandverzierungen 32 f.
Wasser, Plätschern **10**
Webpelz 106
Windspiel aus Kupfer (Projekt) 138 f., **138**
Windspiele 133
Wohnräume im Freien **15,** 75, 95
Wohnzimmer **15, 25, 95**

Z
Zeitungen als Wanddekoration 32
Zement
  als Fußboden **46,** 50
  Gefärbter 50
Zementboden, bemalter (Projekt) 64 f., **64**
Zen 73, 97, **131**
Ziegel 21, 34
Zulu-Körbe **127**

Der Verlag dankt Richard Conn für seine Hilfe bei den Fotoaufnahmen; Cathy Sinker, David Coote, Anjie Davison, Susie Ross und Claire Cousins für die Realisierung der Projekte; Philippe Boucry, Fred Collin und David Coote sowie Atlanta Bartlett stellten ihre Wohnungen und Häuser zur Verfügung; Paintworks, 5 Elgin Crescent, London W11 2JA (0171 792 8012) lieferte die Farben; Jali Ltd, Albion Works, Church Lane, Barham, Near Canterbury, Kent CT4 6QS (01227 831710) kümmerte sich um weitere Dekorationen; J Crispin & Sons, 92-6 Curtain Road, London EC2A 3AA (0171 739 4857) lieferte das Furnier; Margaret Doyle gilt Dank für Korrekturlesen, David Lee für die Erstellung des Registers.

Außerdem dankt der Verlag den folgenden Fotografen und Organisationen für die freundliche Erlaubnis zum Abdruck der Fotos in diesem Buch:

1 Christian Sarramon; 2 Alexander van Berge; 4 David George/Homes & Gardens/Robert Harding Syndication; 5 oben Louis Gouillard/Sty: Choubet Soulagtol/Marie Claire Id es; 5 Mitte Luc Wauman; 5 unten Alexander van Berge; 6 Gilles de Chabaneix/Sty: Catherine de Chabaniex/Marie Claire Maison; 8 Sergio Dorantes/IMPACT; 8-9 Nicolas Bruant/Homes & Gardens/Robert Harding Syndication; 9 Ben Edwards/IMPACT; 10 oben Mads Mogensen; 10 unten & 11 Alexander van Berge; 12 Christian Sarramon; 12-13 Alexander van Berge; 13 Christian Sarramon; 14 Ray Main; 15 oben & unten Christian Sarramon; 16 oben Ray Main; 16 unten Henry Wilson/The Interior Archive; 17 Vincent Thibert/Agence Speranza; 18 Verne Fotografie; 18-19 Verne Fotografie (Raymond Jacqueryns); 20 & 21 oben Christian Sarramon; 21 unten Gilles de Chabaneix/Sty: Catherine Ardouin/Marie Claire Maison; 22 oben Charles Coates/IMPACT; 22 unten Mads Mogensen; 23 Alexander van Berge; 24 Verne Fotografie (Bataille & Ibens); 25 Ray Main; 26 Marie Claire Maison/Marie-Pierre Morel/Sty: C. Puech; 26-7 Christian Sarramon; 27 Simon Upton/The Interior Archive; 28 Gruner & Jahr; 28 oben Silvio Posada/Leticia Marin/La Casa de Marie Claire/Gruner & Jahr; 29 Roland Beaufre/Agence Top; 30-1 Vincent Thibert; 32 Deidi von Schaewen; 33 Louis Gaillard/Sty: Chombart/Soulaytol/Marie Claire Id es; 34 Ray Main; 35 Alexander van Berge; 36 Giovanna Piemonti; 37 Alexander van Berge; 44-5 Ray Main; 46 & 47 Christian Sarramon; 48 & 49 Ray Main; 50 Pieter Estersohn/LachaPelle (Representation); 51 Cecilia Innes/The Interior Archive; 52-3 Deidi von Schaewen; 53 Ray Main; 54 Christian Sarramon; 54-6 Giovanna Piemonti; 57 links Mark Luscombe-Whyte; 57 rechts Ray Main; 58 oben Tim Beddow/The Interior Archive; 58 unten Christian Sarramon; 59 Giovanna Piemonti; 62-3 Cecilia Innes/The Interior Archive; 68 Cecilia Innes/The Interior Archive; 70 Nicolas Bruant/Homes & Gardens/Robert Harding Syndication; 71 oben Christophe Bluntzer/IMPACT; 71 unten Christian Sarramon; 72 Henry Wilson/The Interior Archive; 72-3 Deidi von Schaewen; 74-5 Andrew Wood/The Interior Archive; 75 Camera Press; 76 Christian Sarramon; 77 Tim Beddow/The Interior Archive; 78 Alexander van Berge; 78-9 Ray Main; 79 Deidi von Schaewen; 80 Andrew Wood (Des: Osborne & Little)/The Interior Archive; 81 links Christian Sarramon; 81 rechts Alexander van Berge; 82 Gilles de Chabaneix/Sty: Catherine de Chabaneix/Marie Claire Id es; 83 Vogue Living; 84 links Vogue Living; 84 rechts Christian Sarramon; 85 Roland Beaufre (Maison Tanger)/Agence Top; 87 Ray Main; 92 Andrew Wood/The Interior Archive; 94 Luke White/Axiom Photographic Agency; 95 Ray Main; 96 Andrew Wood/The Interior Archive; 96-7 Alexander van Berge; 97 Caroline Arber/Homes & Gardens/Robert Harding Syndication; 98 Camera Press; 99 Jim Holmes/Axiom Photographic Agency; 100 Gilles de Chabaneix/Sty: C. Ardouin/Marie Claire Maison; 101 Paul Ryan (Des: Scott Bromley)/International Interiors; 102 Andrew Wood/The Interior Archive; 103 Petrina Tinslay/Belle Magazine; 104 Jim Holmes/Axiom Photographic Agency; 104-5 Marie Pierre Morel/Sty: C Ardouin/Marie Claire Maison; 105 Nicolas Bruant/Homes & Gardens/Robert Harding Syndication; 106 Luc Wauman; 107 Andrew Wood/The Interior Archive; 108 Eric Morin/World of Interiors; 108-9 Mads Mogensen; 109 Christian Sarramon; 110 & 111 Gilles de Chabaneix/Sty: C. Ardouin/Marie Claire Maison; 112 Christian Sarramon; 113 Andrew Wood/The Interior Archive; 120-1 Earl Carter/Belle Magazine; 122 Simon Kenny/Belle Magazine; 123 oben & unten Ray Main; 124 oben Marie Pierre Morel/Sty: Bayle/Puech/Marie Claire Maison; 124 unten Christian Sarramon; 124-5 Marie Pierre Morel/Sty: M.Bayle/C.Puech/Marie Claire Maison; 125 Marie Pierre Morel/Sty: Bayle/Puech/Marie Claire Maison; 126 & 127 oben Ray Main; 127 unten & 128 Henry Wilson/The Interior Archive; 129 links Ray Main; 129 rechts Marie Pierre Morel/Sty: Bayle/PuechMarie Claire Maison; 129 unten Gilles de Chabaniex/Sty: C. Ardouin/Marie Claire Maison; 130 oben Andrew Wood/The Interior Archive; 130 unten Ray Main; 131 Tom Leighton/Ikea; 132 Alexander van Berge; 133 Andrew Wood/The Interior Archive; 140 oben Andrew Wood/The Interior Archive; 140 Mitte Marie Pierre Morle/Sty: Bayle/Soulrier/Marie Claire Maison; 140 unten Giovanna Piemonti; 141 oben Andrew Wood (Osborne & Little)/The Interior Archive; 141 Mitte Santi Caleca; 141 unten Verne Fotografie (Bataille & Ibens).

Die Fotografien der folgenden Seiten wurden von Verity Welstead speziell für Conran Octopus aufgenommen: 38-43, 64-7, 88-91, 114-19, 134-9.